JN065466

公務員試験

寺本康之の
社会科学

The BEST HYPER
ザ・ベスト ハイパー

寺本康之 著

エクシア出版

はじめに

　こんにちは。寺本です。今回は「ザ・ベストハイパー」シリーズとして初めて、教養試験の科目に挑戦してみました。近時、公務員試験は軽易な形に変わってきていて、教養試験のみしか実施しない試験種が増えてきています。このような状況の中、読者の方々から「教養試験科目について出版してほしい」との声を多くいただいてきました。そこで今回は生意気にも、その声にお答えした形での出版ということになります。多数ある教養試験科目の中で、私が社会科学を書くことを選んだのは、汎用性の観点からです。（軽易になっているものの）ほとんどの試験で社会科学は出題されているため、まずはこの科目をつぶさないと話にならない……と考えました。

　教養試験の「ザ・ベストハイパー」は、専門試験のそれとは異なり、なるべくライトに、かつ出題範囲に絞りをかけた本になるよう工夫しました。社会科学は、政治、経済、国際関係、社会などさまざまな分野があります。本書ではこの分野の垣根を取り払い、私なりの筋で一貫性を持たせました。具体的には、私はもともと法律の講師ですので、憲法を核にして、それに付随する知識を枝葉のように加筆していく方式にしてみました。これにより、最初から最後まで重複なく一気に読み流せるようになります。また、本書では、最近の試験傾向から外れるテーマを躊躇なく切り捨てました。特に、経済の面倒くさい表やグラフの読取りは、教養試験ではあまり出題されません。そこで、思い切って捨ててしまい、出題されやすいテーマだけを扱うようにしました。

　最後に、今回も私にこのような機会を与えてくださったエクシア出版の畑中先生には感謝申し上げます。また、内容監修の山田優先生や、編集の堀越さん、髙橋さんのご協力がなければ、本書を出版することは決してかなわなかったと思います。手前味噌ですが、この場を借りて感謝申し上げます。

寺本康之

CONTENTS

How to use The BEST !

重要度
星3つまでの3段階。星が多いほど
社会科学を理解するために大切。

頻出度
星3つまでの3段階。星が多いほど
試験で出題される頻度が高め。

01

● 重要度 ★★　頻出度 ★★

基礎法学

基礎法学は、裁判所職員や特別区、地方上級試験などでよく出題されます。
出題される知識は固まっているので、マスターするのは比較的簡単です。

ものの、戦後朝鮮戦争をきっかけに、日本はアメリカから再軍備を要
で、1950年に警察予備隊を設置し、1952年に
ます。そして、1954年には自衛隊を発足させ、
ことになりました。
に自衛隊が当たるか、という点については、自
の必要最小限の「実力」にすぎないのだから当たらない、というのが

側注
ちょっとした補足や
用語の解説、得点に
つながるポイントは
ここで確認！

> 自衛隊を統轄する最高
> 責任者は内閣総理大
> 臣だよ。防衛大臣では
> ないので注意しようね。

PLAY&TRY
実際の本試験問題やオリジナル問題で、インプットした知識を確認。
解くことよりも、読んで誤りを確認することの方を重視しましょう。

PLAY&TRY

1. 成文法は、文字で書き表され、文書の形式を備えた
   法のことであり、不文法は、成文法以外の法のこと
   をいい、判決のなかから形成された法である判例法
   は成文法に含まれる。

   （特別区 H28）

   1. ×
   判例法は不文法である。

▶ 社会科学とは

　社会科学は、教養試験の科目の一つとして出題されます。現在の公務員試験は、知能分野（数的推理や判断推理、文章理解など）が重視され、知識分野の出題数はそこまで多くありません。しかし、そんな知識分野の中でも、出題割合が高いのが社会科学です。また、時事を学習していく際の基礎にもなり得ます。そういった意味で、社会科学は「知識の核」といえる科目です。ただ、その範囲は膨大で、専門試験でいうと憲法、行政法、政治学、行政学、国際関係、経済学、財政学、経営学などと接点を有する科目です。「えっ？ マジで、そんなに？」と思うでしょうが、本当にそのくらい範囲が広いのです。ですから、決してやみくもに手を出してはいけません。そんなことをしたら出口の見えない暗闇をさまよい続けることになります。

▶ 勉強のコツ

　では、どのように勉強すればいいのでしょうか？　私は主に2つあると考えます。まず、試験で出題されるところだけを解説してくれる教材を使うことが大切です。無駄なことを書いている本は、試験的には大罪です。試験に出ないことまでを覚えさせてしまうわけですからね。本書は徹底的にこの点を意識し、出題分析をした上でいらないと判断した知識はごっそり削りました。次に、実際に出題されている知識を確認することが大切です。覚える対象を自分の中で明確に意識することができるようになるからですね。つまり、これをすることで当該知識を身につけやすくなるわけです。是非、本書に掲載している「PLAY&TRY」などをうまく活用し、覚えるべきポイントを明確にしていきましょう。

　これら2つの過程を通じて、インプットする知識を極限まで少なくしていくことが社会科学を得意にしていくコツです。言い換えれば、社会科学を得意にするためには、知識を広げるのではなく、知識を絞り込むことが大切、ということです。

01

基礎法学

基礎法学は、裁判所職員や特別区、地方上級試験などでよく出題されます。
出題される知識は固まっているので、マスターするのは比較的簡単です。

1. 法の分類

1 成文法と不文法

　法には、大きく「成文法」と「不文法」があります。成文法とは、
1条、2条……というように、文章化されている法です。例えば、憲
法、法律、条例、命令・規則などさまざまなものがあります。一方、不文法とは、文章
化されていない法です。慣習法、判例法、条理などの種類があります。法体系の違いに
よって、成文法を重視する国と、不文法を重視する国とで分かれますが、日本はヨーロッ
パ大陸（ドイツ、フランスなど）の法体系を昔から引き継いできた
ため、成文法を重視する国に位置付けられています。これを
「成文法中心主義」と呼びます。このような国では不文法は成文
法がない場合の補充的役割（隙間を埋める的イメージ）を果たす
にすぎません。

> 「制定法」と呼ぶ
> こともあるね。

> 英米法の法体系では、
> 判例法主義が採られ、
> コモン・ロー（慣習）が
> 重視されているよ。つま
> り、不文法が重視され
> ているということだね。

　なお、これに伴って確認しておきたいのが、法源についてです。法源とは、裁判所が
裁判をする際に根拠として使うものとでも思っておいてください。根拠になるのであれ
ば「法源となる」、根拠とならないのであれば「法源とならない」と表現します。ここで
は法源となるのか、ならないのかを押さえていく必要があります。次の図をご覧くださ
い。

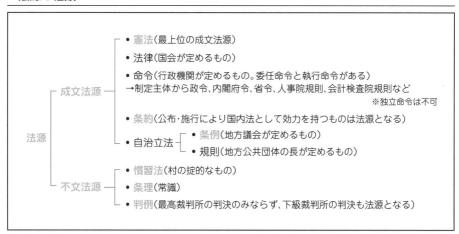

　法源には成文法源と不文法源とがあります。基本的には成文法と不文法の区分とを一致させて覚えておくとよいでしょう。不文法源の慣習法にあたるものは国際法の世界でも見られ、これを国際慣習法と呼びます。また、試験で最も出題されやすいのは、判例（判例法）です。判例（判例法）は法源となるのですが、不文法源に位置付けられます。「文章で書かれているのだから成文法源なのでは？」といわれることがあるのですが、判例は１条、２条……とは書かれていませんよね。ですから、やはり成文法源とは一線を画します。

2 さまざまな法の分け方

　法の分け方にはいろいろな切り口があります。ただ、切り口といっても用語の定義を覚えて終わりなので、そんなに難しい話ではありません。

①公法と私法

　公法とは、ざっくりと国家の内部を規律したり、国家と国家との関係を規律したり、国家と私人との関係を規律したりする法です。少なくとも一方が国家である必要があります。

公法（国家の内部、国家－国家、国家－私人）	憲法、行政法（内閣法や国家行政組織法）、刑法、訴訟法（民事訴訟法、刑事訴訟法）など
私法（私人－私人）	民法、商法、会社法など

ここでは、訴訟法が入っている点がポイントです。民事訴訟法や刑事訴訟法は、国家が私人に対して公権力的な裁判という制度を使って判断を下すので、公法に位置付けられます。

②刑事法と民事法

　刑事法とは、国家が私人に対して刑罰権を発動していく法です。一方、民事法とは、私人と私人の関係をルール化した法です。

刑事法（国家が私人に対して刑罰を科す）	刑法、刑事訴訟法など
民事法（私人VS私人）	民法、商法、会社法、民事訴訟法など

　ここでは、訴訟法が刑事法と民事法に分かれてしまう点がポイントです。特に民事訴訟法の位置付けは注意しましょう。民事訴訟法は公法ですが、民事法に位置付けられます。

③実体法と手続法

　実体法とは、一定の内容を定める法です。何をしたら犯罪になるのかという内容を定めた刑法や、私人間で何をしたらどのような権利義務が発生するのかという内容を定めた民法などが典型です。一方、手続法とは、実体法で定められた内容を実現するプロセス（手続）を規定

実定法という概念とは異なるので注意しよう。実定法とは、人が人為的に作り出した法のことだよ。反対の概念は自然法で、これはあらゆる国・時代を通じて普遍的に適用される法のことだ。

している法です。刑事訴訟法、民事訴訟法や、民事執行法などがこれに当たります。

実体法（内容を定める）	刑法（何をしたら犯罪になるのかの内容を定める）、民法（私人間の権利義務の内容を定める）など
手続法（実体法の内容を実現する手続を定める）	刑事訴訟法、民事訴訟法、民事執行法など

④一般法と特別法

　一般法とは、適用される領域が限定されておらず、さまざまなことを網羅的に規律している法です。一方、特別法とは、適用される領域が限定されている法です。「A」とい

う事項について、一般法と特別法の双方に規律が設けられている場合、特別法の方が一般法よりも優先的に適用されます。例えば、私法の一般法である民法には賃貸借契約や売買契約、雇用契約などの規律が設けられていますが、これらは特別法である借地借家法や商法、労働法によって修正されてしまいます（特別法は一般法に優先する）。

一般法（適用領域が限定されていない法）	〈例〉民法
特別法（適用領域が限定されている法）	（民法に対して）借地借家法、商法、労働法など

⑤その他

①～④以外にも社会法という法があります。社会法は、経済的に弱い立場の人々を保護するための法を指し、具体的には労働基準法や生活保護法、利息制限法などが該当します。

3 法の適用関係のルール

ここでは、法の適用関係のルールを説明します。

まず、形式的効力についての優先関係のルールです。これは難しい議論ではなく、一般的に憲法＞条約＞法律＞命令＞条例という順番になります。憲法と条約のどちらが優先するのか、については学説上の争いがありますが、憲法の方が上であると考えるのが通説です。

次に、形式的効力が同一の場合におけるルールがあります。これは例えば「A」という事項について、2つの法律で規定が置かれているような場合に、どちらが優先するのか、という問題です。この問題を処理するためのルールは2つあります。具体的には次の2つです。

▶ 形式的効力が同一の場合のルール

①後法は前法に優先する（つまり、新しい法律が古い法律に優先する）
②特別法は一般法に優先する（つまり、借地借家法＞民法や、商法＞民法など）

なお、②に関しては、一般法と特別法との区別は相対的であるということを忘れてはいけません。例えば、民法と商法との間では民法が一般法、商法が特別法となるのです

が、商法と手形法・小切手法では商法が一般法、手形法・小切手法が特別法となります。要するに、どの法律と比べるのかによって、一般法となるのか、特別法となるのかは決まってくるということです。また、前法が特別法で後法が一般法であるケースの処理も注意してください。これはいわば①と②がぶつかり合っている場面だと考えることができますが、このような場合は、前法であっても特別法が優先します（②のルールの方が優先する）。

❹ 法の解釈

　法の解釈とは、法律にある条文をどのように解釈していくか、という問題です。条文の意味をそのまま文法に従って解釈していけばいいじゃないか（これを「文理解釈」という）、と思うかもしれませんが、そう単純な処理だけでは事足りないことがあります。その場合は、条文に書いていないことも論理を駆使して解釈で補足していく必要があります（これを「論理解釈」という）。

> 文理解釈でどうにかなるのであれば、文理解釈をしておけばよい。つまり文理解釈が原則ということね。

文理解釈		条文を文法的なルールに従ってそのまま解釈する。
論理解釈　条文の文言にとらわれず、論理的手法で意味を補充して解釈する。	縮小解釈	文言の意味を文理解釈よりも狭める解釈。 条文→自動車は通ってはいけない 縮小解釈→排気量〇〇cc以上の自動車だけ通ってはいけない
	拡張解釈	文言の意味を文理解釈より広げる解釈。 条文→自動車は通ってはいけない 拡張解釈→自動車は通ってもいけないし、停車してもいけない
	勿論解釈	Aに法が適用されるのであれば、その法の趣旨に従って、規定のないBについても当然に適用されると解釈する。 条文→自動車は通ってはいけない 勿論解釈→自動車はもちろん、自動車に乗っている人も通ってはいけない
	類推解釈	Aに適用できる条文がない場合、それと類似する他の条文を間接的に適用する。似ているから使ってしまえ、ということ。 条文→自動車は通ってはいけない 類推解釈→自転車も同じように通ってはいけない

		ある事項について条文がある場合、条文がない事項には法が適用されないと反対的に解釈する。 条文→女性は乗車できる 反対解釈→男性は乗車できない
反対解釈		

なお、論理解釈のうち、罪刑法定主義の観点から、刑罰を科す場面では（刑法の適用など）、類推解釈は禁止されます。ただ、これはあくまでも被告人に不利益な類推解釈が禁止されるということなので、逆に被告人に有利になるような類推解釈は禁止されません。例えば、免除規定を類推するような場合は許されます。

一方、拡張解釈は許されるとされているよ。

2. 法の支配と法治主義

「法の支配」とは、権力は支配者の身勝手な意思によって用いられてはならず、法に基づいて行使されなければならないという考え方です。絶対王政時代に見られた絶対君主による専横的な権力行使である「人の支配」と真逆の概念で、イギリスで確立されました。具体的には、1606年に裁判官エドワード・クック（コーク）が国王に対して「国王といえども神と法の下にある」という格言を引用して諫めたことで、法の支配が確立したといわれています。この考え方は法の形式面だけでなく、法の内容の合理性も重視する点が特徴です。それゆえ、市民たちの権利や自由が保障されやすくなります。

13世紀イングランドの法学者ブラクトンの言葉だよ。

ここでの「法」とは、慣習法であるコモン・ローを指すよ。

▶ 法の支配（イギリスやアメリカの英米法系、戦後の日本）

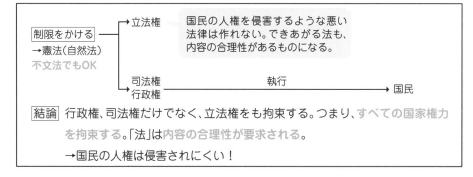

13

なお、法の支配と似て非なる概念として、「法治主義」というものがあります。これも法で権力を縛ろうという発想ですが、**ドイツやフランスなどの大陸法系の国**で発展してきたものなのでルーツが違います。また、**行政権の発動が法律に従っていなければならない**とする、専ら法の形式に関する原則でしかなかったので、**法の内容の合理性が重視されておらず、形式的な議会制定法であればなんでもよし**、とされていました。これを「**悪法も法なり**」などと表現することがありますね。

> 立法権は縛られない。

3. 社会契約論

権力に歯止めをかける発想としては、先ほど述べた法の支配と法治主義だけでなく、社会契約論があります。これは、市民革命期に主張されたもので、市民同士が契約を結んで国家権力の正当性を見いだしていくという思想です。3人の思想家を紹介しますので、キーワードで○×を付けられる状態にしておきましょう。国という概念がなく、統治者もいない状態、すなわち「**自然状態**」をどう考えていくか、という点からスタートするので、この言葉は是非覚えておきましょう。

①ホッブズ(英)

ホッブズは著書『**リバイアサン**』の中で、自然状態を「**万人の万人に対する闘争**」(戦争状態)と考えました。人々は野蛮である、という前提に立ち、放っておくと市民がそれぞれ有する自然権(生命権=自己生命保存の権利)を守れないと考え、統治者たる国王に自然権を譲渡(委譲)しようとします。しかし、国王は絶対王政の担い手なわけで、この自然権の譲渡によりむしろ絶対王政の擁護につながってしまいました。

②ロック(英)

ロックは『**市民政府二論(統治二論)**』を著し、自然状態を「**一応平和と平等が保たれる状態**」と仮定します。しかし、自然権(生命権・自由権・財産権)の解釈・執行権だけは国王(政府)に信託しようと考えます。すべて譲渡したわけではなく、あくまでも「一部」を「**信託**」譲渡(つまり預ける)したわけです。そして、国王が市民の信託に背くような行為をした場合には、市民はこれを拒んでよいとしました。これを「**抵抗権**」といいます。この人は社会契約論者の中で**唯一権力分立を唱えた**ことも覚えておきましょう。『**法の精神**』で有名な

> これを「所有権」というよ。

モンテスキュー（仏）が立法、行政、司法の三権分立を唱えたのとは違い、議会が立法権を担当し、国王が執行権・連合権を担当するという「二権分立」を唱えました。

③ルソー（仏）

　ルソーは著書『人間不平等起源論』『社会契約論』の中で、自然状態が「理想状態」であることを説きます。しかし、人間社会は文明の発展により堕落してきていると説き、理想状態を取り戻すために、社会契約を結ぶ必要があるとしました。彼が自然権を譲渡した相手は国王ではなく「共同体」です。これは市民の総体を意味します。自分たちの自然権を自分たちの総体に譲渡するという奇妙な社会契約となりますね。そこでみんなで「一般意志」（＝公共の利益）というルールみたいなものを決めて、それにみんなで従おうと考えました。人民主権を提唱したわけです。しかも、このような直接民主制（みんなですべてを決める）が望ましいので、議会はいらないと言っています。

> 行政の存在は必要だとしているので注意しよう。

私はルソー派

15

PLAY&TRY

1. 成文法は、文字で書き表され、文書の形式を備えた法のことであり、不文法は、成文法以外の法のことをいい、判決のなかから形成された法である判例法は成文法に含まれる。 (特別区 H28)

    1. ×
    判例法は不文法である。

2. 不文法とは、文章化されていないが、慣習や伝統により法としての効力を持つものをいう。したがって、国内法としては有効であるが、国際法の法源となる不文法は存在しない。 (裁判所職員 H29)

    2. ×
    国際慣習法は国際法の法源となる。

3. 公法は、国家のしくみや国家と個人との関係について定めた法のことであり、日本国憲法や内閣法は公法に含まれ、私法は、私人相互の関係を定めた法のことであり、民法や商法は私法に含まれる。 (特別区 H28)

    3. ○
    そのとおり。
    公法と私法の区別は大切。

4. 公法を実体法と手続法に分けると、刑法は実体法に分類される。 (裁判所職員 H29)

    4. ○
    そのとおり。
    刑法は実体法である。

5. 民法及び商法は、公法・私法・社会法のうちでは私法に分類されるが、民事訴訟法は公法に分類される。 (裁判所職員 H29)

    5. ○
    そのとおり。
    民事訴訟法は公法であり、民事法である。

6. 自然法は、人間の社会であれば普遍的に成り立つとされる法のことであり、慣習が法に変化した慣習法は自然法に含まれる。 (特別区 H28)

    6. ×
    慣習法は実定法に含まれる。

7. 実定法とは、自然法に対して人間の行為によって作り出された法をいう。したがって、実定法には成文法や不文法のうち判例法は含まれるが、慣習法は含まれない。 （裁判所職員H29）

7. ✕
慣習法も含まれる。

8. 実体法は、権利義務を実現させる手続きを定める法のことであり、民事訴訟法や刑事訴訟法は実体法に含まれる。 （特別区H28）

8. ✕
民事訴訟法や刑事訴訟法は手続法である。

9. 社会法は、経済的に弱い立場の人々を保護するための法のことであり、生活保護法や刑法は社会法に含まれる。 （特別区H28）

9. ✕
刑法は社会法ではない。

10. 17世紀には、クック（コーク）が、「国王といえども神と法の下にある」という言葉を引用して、法の支配の必要性を説いた。法の支配の考え方では、法による政治という形式面だけでなく、法の内容の正当性も重視される。 （国税専門官R２）

10. ○
そのとおり。
「国王といえども神と法の下にある」は、13世紀の法学者ブラクトンの言葉である。

11. 人の支配とは、法の支配に対する概念として生まれたもので、国家の主権は君主ではなく全人民に平等にあるとする考え方である。ロックは、人の支配の考え方に基づいて、全人民共通の一般意志によって公共の利益の実現が図られるべきであると説いた。 （国税専門官R２）

11. ✕
人の支配は絶対君主の国家権力の行使のことを指すので、人民主権のわけがない。また、後半の一文はロックではなく、ルソーの社会契約論の記述である。

12. モンテスキューは、「リバイアサン」の中で、人間は自然状態のもとでは「万人の万人に対する闘争」を生み出すので、各人は、契約により主権者に自然権を譲渡して、その権力に従うべきだとした。 （特別区R１）

12. ✕
ホッブズの誤り。

13. モンテスキューは、「統治二論」の中で、政府とは国民が自然権を守るために、代表者に政治権力を信託したものであるから、政府が自然権を侵害した場合、国民には抵抗権が生じるとした。　　　　（特別区Ｒ１）

13. ×
ロックの誤り。

14. ロックは、社会契約に基づいて人民から自然権を信託された政府が人民を統治することになると考えた。そして、政府による統治が不当なものであったとしても、人民が抵抗権や革命権を行使することはできないと主張した。　　　　（裁判所職員Ｒ１）

14. ×
抵抗権の行使を容認した。

15. モンテスキューは、「社会契約論」の中で、個々人の間での契約によって１つの共同体をつくり、公共の利益の実現をめざす一般意志を人民が担うことによって、本当の自由と平等が実現できるとする人民主権論を唱えた。　　　　（特別区Ｒ１）

15. ×
ルソーの誤り。

16. ルソーは、人民がみずからの手で選出した代表者を共同体の統治機関と位置づけて自然権を全面譲渡し、その支配に服すべきだと主張した。なぜならば、ここにおいて人民は主権者であると同時に臣民となり、自己統治が完成することになるためである。
（裁判所職員Ｒ１）

16. ×
彼は直接民主制を唱えた。代表者による統治機関（議会）は不要としている。

ロックとモンテスキューの関係はいかに？
年の差57歳！

　ロックとモンテスキューは権力分立を唱えたという点において似ています。しかし、ロックが『市民政府二論』で「二権分立」を提唱したのに対して、モンテスキューは『法の精神』を著し、「三権分立」を唱えました。権力分立のテーマで登場するこの2人、実はロックはモンテスキューより57歳も年上ということをご存じでしょうか？　モンテスキューはロックに影響を受けて、書簡体小説『ペルシア人の手紙』の中でフランス絶対王政を批判しました。また、モンテスキューはフリーメイソン※に加入したことでも有名ですね。

※フリーメイソンは、世界で最も古いとされる友愛団体です。ただ、世界各地に支部があるため、謎の組織といわれることしばしば。世界を陰で支配しているなどといった陰謀論は絶えません。

02

重要度★★　頻出度★★

大日本帝国憲法（明治憲法）

数年に一度出題される大日本帝国憲法。
過去問で問われたことをベースに、知識を一度整理しておくとよいでしょう。

1. 天皇の地位

　まず、明治憲法では主権者は天皇とされていて（天皇主権）、立法権、行政権、司法権の統治権をすべて掌握していました。欽定憲法というわけです。それゆえ、天皇は統治権の総攬者と位置付けられていました（もちろん象徴でもあった）。この明治憲法は、伊藤博文らがドイツのプロイセン憲法を真似して作ったとされています。

　そして、天皇は軍の統帥権や外交大権（条約の締結）、任官大権、戒厳令などの各種天皇大権を持っていて、緊急勅令や独立命令を出すこともできました。特に軍の統帥権に関しては、議会、内閣の関与がともに否定されていました。

> 緊急勅令とは、天皇の単独立法権の表れで、議会閉会中に天皇が出す命令。一方、独立命令とは、天皇の単独行政権の表れで、法律のない領域で天皇が出す命令だよ。

2. 権利保障と統治機構

1 権利保障

　国民は天皇の従属者とされ、「臣民」と呼ばれていました。この臣民には天皇から恩恵的に各種権利を与えられていましたが、それらは「法律の留保」を伴うものであったため、法律さえ制定してしまえば権利を制限できてしまいました。そういった意味で、日本国憲法における人権とは大きく異なります。しかも、信教の自由は法律の留保すらなく、法律の根拠なく自由に制限できる、という悪い運用をもたらしました。日本国憲法との違いでいえば、思想・良心の自由や学問の自由、社会権などはありませんでした。

> 居住・移転の自由（明治憲法22条）や言論・出版・集会・結社の自由（明治憲法29条）などはあったよ。

2 統治機構

　統治システムの方では、権力分立は採られていましたが、各機関の実態は天皇の翼賛

機関にすぎませんでした。また、権力に歯止めをかける法治主義的な発想も取り入れられていましたが、あくまでも形式的なものにすぎず、不十分だったといわれています（形式的法治主義）。帝国議会には非民選の貴族院と民選の衆議院とがあって両者は対等。そして議会は天皇の協賛機関という位置付けでした。

内閣は1885年にできあがった制度ですが、憲法上の制度ではなく、勅令である内閣官制に基づいて運営されていました。そして、その位置付けは天皇の輔弼機関にすぎませんでした。輔弼は各国務大臣の権限でしたが、実際は内閣官制に基づいて内閣が輔弼を行っていたようです。また、各国務大臣は天皇に対して個別の責任を負うだけだったという点が重要で、内閣総理大臣も首長ではなく、単なる「同輩中の首席」という位置付けでした。それゆえ、なかなかリーダーシップを発揮することは難しかったようです。

> 輔弼とは、補助するという意味だよ。一方、協賛とは、協力することを意味するね。ほかにも、諮問機関として枢密院が置かれていたよ。

司法の場面では、軍法会議や行政裁判所などの特別裁判所が設置されていて、違憲審査制は採用されていませんでした。裁判所は、天皇の名で裁判をしていたということになります。

> つまり、天皇の代理人として裁判をしていたということだよ。

最後に地方自治についてですが、地方自治制度に関する規定はなく、地方自治はすべて法律で定められていました。具体的には、市制・町村制や府県制・郡制などがありました。

> 昔の天皇の権限は大きいなぁ

PLAY&TRY

1. 大日本帝国憲法は、社会権を確立したドイツのワイマール憲法をモデルとし、社会権の一つである生存権を保障していた。　　　　　　（国税専門官 H29改題）

   1. ×
   プロイセン憲法をモデルとし、社会権は保障していなかった。

2. 大日本帝国憲法は、君主に強い権力を認めていたワイマール憲法を参考にして、伊藤博文や井上毅らが起草し、枢密院の審議を経て、欽定憲法として発布された。　　　　　　　　　　　　　（特別区 H29）

   2. ×
   プロイセン憲法を参考にした。

3. 大日本帝国憲法では、天皇は統治権を総攬することが規定され、陸海軍の統帥権、緊急勅令、独立命令という天皇大権が認められていたが、条約の締結は天皇大権として認められていなかった。

   （特別区 H29）

   3. ×
   条約の締結も天皇大権として認められていたので誤り。

4. 大日本帝国憲法では、帝国議会は天皇の立法権に協賛する機関であり、各国務大臣は天皇を輔弼して行政権を行使するものとされ、裁判所も天皇の名において司法権を行うものとされた。　　（特別区 H29）

   4. ○
   そのとおり。
   各機関の役目を覚えておこう。

5. 大日本帝国憲法においては、憲法上の諸権利には、法律の認める範囲内で保障されるにすぎないという法律の留保があった。　　　（国税専門官 H29改題）

   5. ○
   そのとおり。
   法律の範囲内での保障であったため、日本国憲法における人権とは異なる。

03

重要度 ★★★　頻出度 ★★

憲法改正

憲法改正では出題される知識が固まっているので、確実に点数に結び付けましょう。
日本国憲法制定の歴史も出ます。

1. 日本国憲法の制定

　戦後にマッカーサーの指令を受けて、憲法問題調査委員会が憲法

委員長は松本烝治
だよ。

改正の試案（松本案）を作りましたが、天皇の統治権を記し国体を
護持するなど、明治憲法と大差がありませんでした。これにマッカーサーがブチ切れ、
GHQ民政局に草案作りを命じました。ここでできあがったのがマッカーサー草案（GHQ
案）です。日本政府はこのマッカーサー草案をもとに政府案を作り、帝国議会で審議・
議決して公布されるに至りました。

　ここでのポイントは、日本国憲法は新憲法の制定ではなく、手続的には明治憲法の改
正という位置付けであったという点です。具体的には、日本国憲法は、
明治憲法の改正案として帝国議会に付され、ボコボコに修正したうえ
で天皇の裁可を経て公布されたわけです（明治憲法73条）。なお、帝国
議会の審議の過程でいろいろな修正が加えられました。具体的には次
の通りです。

公布は1946年
11月3日、施行
は1947年5月
3日だよ。

▶ 衆議院での主な修正箇所

①国民主権を明確にした。
②戦力の不保持を規定している憲法9条2項に「前項の目的を達するため」という文
　言を挿入した（芦田修正）。
③生存権の規定を明記した。
④内閣総理大臣を国会議員の中から指名することとし、国務大臣の過半数は国会議員
　の中から選ばれなければならないものとした。

①普通選挙を保障した。

②内閣総理大臣とその他の国務大臣は文民でなければならない旨を規定した。

2. 憲法改正の手続

憲法改正の手続は、憲法96条に規定があります。憲法改正は、まず改正原案から審議するのですが、この改正原案を審議するのが「憲法審査会」です。衆参両議院に設置されていて、憲法改正はまずここでの審議からスタートします。ちなみに、改正原案の提出は、衆議院で「100」名以上、参議院で「50」名以上の国会議員の連署が必要です。単独で提出することはできません。

「憲法調査会」を廃止して設置したんだ。

次に、憲法審査会を通過した後、憲法96条の定めている、衆参各議院の総議員の3分の2以上の賛成で国会がこれを発議します。その後、特別の国民投票を行うか、国会の定める選挙の際に行われる投票で、有効投票数の過半数の賛成（賛成票が反対票を上回る）により、国民からの承認を得なければなりません。このように、憲法改正の手続は通常の法律改正の手続より厳格になっています。このような憲法を「硬性憲法」といいます。

最後に、国民の承認を得たら、天皇は、国民の名で、この憲法と一体を成すものとして、直ちに憲法改正を公布します。

なお、国民からの承認を得る手段としては、現在、国民投票法でルールが定まっています。次にポイントをまとめておきますので、一読ください。

▶ 国民投票法のポイント

● 国民投票の投票権は、年齢満18歳以上の日本国民にある。

● 国民投票は、憲法改正の発議をした日から起算して60日以後180日以内において、国会の議決した期日に行われる。

● 賛成の投票数が、投票総数（賛成の投票数と反対の投票数を合計した数）の2分の1を超えた場合に、国民の承認があったものとされる（有効投票数の過半数の賛成が必要）。

● 投票は、憲法改正案ごとに一人一票を投じる方式（区分方式）。

- 選挙と同様、期日前投票、不在者投票、在外投票の制度も使える。
- 最低投票率はない。

PLAY&TRY

1. 日本国憲法は、連合国軍総司令部（GHQ）に提出した憲法研究会の高野案が、大日本帝国憲法と大差ない案であったため拒否され、GHQが日本政府に示したマッカーサー草案をもとに作成された。
   （特別区H29）

2. 日本国憲法は、日本政府の憲法改正案として初の男女普通選挙によって選ばれた衆議院議員で構成する帝国議会に提出され、審議のうえ修正が加えられ可決されたが、この改正案の修正は生存権の規定の追加に限られた。 （特別区H29）

3. 日本国憲法は施行されてから一度も改正されたことはない。 （国税専門官H26改題）

4. 憲法審査会は、平成19年に衆参両議院に設置されたが、これに伴い、憲法調査会は廃止された。
   （国税専門官H26改題）

1. ×
憲法問題調査委員会の松本案の誤り。

2. ×
修正は生存権の規定の追加以外にも多数行われた。

3. ○
そのとおり。
日本国憲法は改正の手続が法律改正よりも厳格な「硬性憲法」であり、一度も改正されたことはない。

4. ○
そのとおり。
なお、憲法調査会は2000年に設置された。

5. 日本国憲法の改正に当たっては、国民主権や基本的人権の保障など、憲法の基本原理を変えることはできないとされている。このように改正に限界がある憲法のことを硬性憲法という。　　（国税専門官 H26改題）

5. ×
硬性憲法の意味が異なる。硬性憲法は憲法改正の手続が通常の法律改正の手続よりも厳格になっている憲法のことである。世界的に見てメジャーな形である。なお、改正に限界があるという記述は正しい。

6. 国民投票法は、憲法改正案に対する賛成の投票数が有権者の半数を超えた場合に国民の承認があったものとすると規定している。　　（国税専門官 H26改題）

6. ×
賛成の投票数が有権者の半数を超えた場合ではない。有効投票数の過半数である。

まずはボクの性格を
改正しよう

重要度 ★★　頻出度 ★

04

平和主義

憲法 9 条の平和主義に関する条文は、
安全保障の問題と一緒に出題されることがあります。

1. 憲法 9 条の平和主義

憲法 9 条
1 項　日本国民は、正義と秩序を基調とする国際平和を誠実に希求し、国権の発動たる戦争と、武力による威嚇又は武力の行使は、国際紛争を解決する手段としては、永久にこれを放棄する。
2 項　前項の目的を達するため、陸海空軍その他の戦力は、これを保持しない。国の交戦権は、これを認めない。

　1 項が戦争放棄の条文で、2 項が戦力の不保持と交戦権の否認の条文です。このような憲法 9 条があるものの、戦後朝鮮戦争をきっかけに、日本はアメリカから再軍備を要請されます。そこで、1950年に警察予備隊を設置し、1952年には保安隊と改称します。そして、1954年には自衛隊を発足させ、防衛庁を設置することになりました。

自衛隊を統轄する最高責任者は内閣総理大臣だよ。防衛大臣ではないので注意しようね。

　2 項の「戦力」に自衛隊が当たるか、という点については、自衛隊は自衛のための必要最小限の「実力」にすぎないのだから当たらない、というのが1972年の田中角栄内閣時からの政府見解です。

2. 日米安全保障条約と新日米安全保障条約

　日本は、吉田茂内閣の下、1951年にサンフランシスコ平和（講和）条約と日米安全保障条約を締結しました（同日に締結）。ところが、日米安全保障条約には米軍の駐留（基地の提供）を認めるにもかかわらず、アメリカの日本防衛義務がありませんでした。これではいけないということで、その後1960年の岸信介内閣の時に新日米安全保障条約を

27

結び直しました。ここで初めて、「日米共同防衛体制」と「事前協議制」が導入されました。併せて、1951年に結んだ日米行政協定を日米地位協定という形で結び直しました。この日米地位協定では、在日米軍の経費を日本は原則負担しなくてもいいことになっています。しかし、1978年から「思いやり予算」という名目で、日本が経費の一部を負担しています。

アメリカ軍が装備や施設などを大きく変更する場合に、日米両国が事前に協議する制度。一度も開かれたことがない。

3. 憲法9条に関する裁判例

　ここでは、試験で出題されたことがある2つの事件をご紹介します。まず「砂川事件」です。これは自衛隊基地を拡張することに反対する人たちが、砂川の米軍飛行場の柵をぶっ壊して侵入したという事件です。そこで在日米軍の違憲性が争われました。結果は、なんと第一審の地方裁判所が在日米軍を「違憲」としました（「伊達判決」と呼ばれる）。しかし、その後最高裁判所に跳躍上告され、そこでは在日米軍を「合憲」と判断しました。理由は、9条2項でいう「戦力」とは、我が国の戦力を指すのであって、在日米軍は我が国の軍隊ではないから「戦力」に当たらない、というものでした。また、この判例は、必要な自衛の措置（自衛権）をとり得ることを認めた点でも有名です。ただ、日米安保条約に関する判断は「一見極めて明白に違憲無効と認められない限りは裁判所の審査の範囲外」として、判断を避けました。

　次に、「長沼ナイキ事件」です。これは北海道の長沼町にミサイル基地を建設するため、当時の農林大臣が保安林指定解除処分をしたという事件です。自衛隊が違憲なのかが争点になりました。ここで大切なのは、第一審の地方裁判所が自衛隊を9条に違反するとした点です。ただ、結果的に第二審の高等裁判所、第三審の最高裁判所で憲法判断は回避されました。

4. 日本の安全保障

　最後に、日本の安全保障政策について概観しておきます。日本は憲法9条をベースに戦後の安全保障を構築してきました。しかし、2012年12月からの第2次安倍内閣以降、改革が進みました。安倍内閣はまず、2014年4月にそれまでの「武器輸出三原則」に変えて、「防衛装備移転三原則」を閣議決定しまし

1967年に佐藤栄作首相が表明した、武器の輸出を、共産圏諸国、国連決議禁輸対象国、国際紛争の当事国等には認めないとする政策だよ。

た。その後、同年7月にはそれまでの憲法解釈を変えて、閣議決定で集団的自衛権の行使を可能にしました。集団的自衛権とは、ざっくり言うと、自国と密接な関係にある同盟国などが攻撃を受けた場合に反撃できる権利です。自分はやられていないけど、仲間がやられているときに相手を武力で攻撃できるということです。そして、2015年に入ってから一気に話が進みました。4月に日米防衛協力指針を再改定し、中国の海洋進出を念

国連憲章51条では個別的自衛権と集団的自衛権の行使が認められているんだけど、日本は憲法9条を理由に集団的自衛権の行使は認めてこなかったんだ（持っているけど使えないということ）。

頭に置いて、自衛隊は地球規模で米軍を支援することができるようになりました。9月には国内法として、10個の法律改正と1個の新法制定をパッケージ化した「平和安全法制」（安全保障関連法）が成立しました。試験では、この平和安全法制の知識を聞かれることがあるので、大切なものだけをご紹介します。覚える際のポイントは、どのような事態に何をすることができるのかをセットにして頭に入れることです。

▶ 平和安全法制の主なポイント

①事態対処法（武力攻撃・存立危機事態法）（改正）
「存立危機事態」において、他に適当な手段がなければ、必要最小限度の武力行使として集団的自衛権の行使が認められるとした。「存立危機事態」とは、我が国と密接な関係にある他国に対する武力攻撃が発生し、これにより我が国の存立が脅かされ、国民の生命、自由と幸福追求の権利が根底から覆される明白な危険がある事態をいう。

②重要影響事態安全確保法（改正）
「重要影響事態」において、世界中のどこにでも後方支援に出向くことが可能となった（地球規模での活動が可能）。「重要影響事態」とは、そのまま放置すれば我が国に対する直接の武力攻撃に至るおそれのある事態など我が国の平和と安全に重要な影響を与える事態をいう。

③国際平和支援法（新法）
「国際平和共同対処事態」において、自衛隊を派遣し後方支援をすることができるという内容になっている。「国際平和共同対処事態」とは、日本の安全に直接の影響はないが、国際社会の平和と安全を脅かす戦争・紛争が起こった事態をいう。政府は、これまで事態が生じるたびに期限付きの特別措置法を作って対応してきたが、それを「恒久法」にした。

④国際平和（PKO）協力法（改正）

自衛隊は、離れた場所に駆け付けて襲われた他国軍や民間人を救う活動（駆け付け警護）をすることが可能となった。それに伴い、武器使用の基準も緩和した。

PLAY&TRY

1. 日本は1951年にサンフランシスコ平和条約を結び、その翌年に日米安全保障条約（旧安保条約）を締結した。 （オリジナル）

1. ×
「翌年」ではない。「同日」に締結した。

2. 日米安全保障条約（旧安保条約）の締結によって、米軍は駐留が認められ、それとともに米軍の日本防衛義務が明記された。 （オリジナル）

2. ×
旧安保条約には日本防衛義務は明記されていなかった。

3. 日米安全保障条約（旧安保条約）は、1960年に改定され、共同防衛義務が盛り込まれた。 （オリジナル）

3. ○
そのとおり。
日本は防衛力の増強とともに米国との共同防衛義務を負うこととなった。

4. 長沼ナイキ基地訴訟では、第一審、第二審ともに自衛隊は陸海空軍に該当し違憲であるとしたが、最高裁判所は、自衛隊を合憲と判断した。 （特別区 H25改題）

4. ×
自衛隊を違憲としたのは第一審のみである。第二審の高等裁判所、第三審の最高裁判所においては憲法判断が回避された。

5. 新日米安全保障条約の交換文書で定められている事前協議は、日本が申し入れているため、毎年開催されている。

（特別区H25改題）

5. ×
事前協議は行われたことがない。

6. 「存立危機事態」において、ほかに適当な手段がなければ必要最小限度の武力行使が認められるが、その際行使できるのは個別的自衛権である。

（オリジナル）

6. ×
個別的自衛権ではなく、集団的自衛権の誤り。個別的自衛権は、日本に対する武力攻撃が発生したときに行使するものである。

いつでも平和がいいな〜

COLUMN

日米地位協定って何だろう？　その問題点とは？

　日米地位協定は、1960年に、アメリカとの間で結ばれた協定です。米軍人等が被疑者となった場合、その身柄をアメリカ側が確保したときには、被疑者を起訴するときまで、日本側は被疑者の身柄の引渡しを要求できません。ただ、1995年に沖縄県で発生した少女暴行事件を受けて、殺人と強制性交等については、起訴前の段階でアメリカ側から身柄の引渡しがなされることになりました。また、本協定は「在日米軍駐留経費負担」、通称"思いやり予算"との関係でも出てきます。本協定では日本側の支払い義務はないとされていますが、1978年から負担に応じはじめ、1987年には「在日米軍駐留経費負担に係る特別協定」が結ばれました。なぜ思いやり予算といわれているかというと、当時の金丸防衛庁長官が「思いやりを持って対処しよう」と発言したことに基づいています。日本の思いやりはいつまで続くのか、注目です。

05

重要度★★★　頻出度★★

人権総論

人権総論では、人権享有主体性と私人間効力、新しい人権、法の下の平等の
4つのテーマをつぶしましょう。判例の学習がメインになります。

1. 人権享有主体性

1 外国人の人権享有主体性

　ここでは外国人に日本国憲法上の人権が保障されているのか、という点についてみて
いきます。結論から申し上げると、外国人にも人権は保障されます。ただ、保障される
範囲については別途考慮する必要があり、判例は、権利の性質上日本国民のみをその対
象としていると解されるものを除き、我が国に在留する外国人に対しても等しく及ぶ（性
質説）と述べています。一応、表にして頻出判例をまとめておきます。結論をしっかり
と覚えることで足りますので、頑張ってみてください。

政治活動の自由 （マクリーン事件） →外国人に政治活動 　をする自由が認め 　られているのかが争 　われた。	基本的人権の保障は、権利の性質上日本国民のみをその対象としていると解されるものを除き、我が国に在留する外国人に対しても等しく及ぶ（性質説）。そして、政治活動の自由についても、我が国の政治的意思決定又はその実施に影響を及ぼす活動等外国人の地位にかんがみこれを認めることが相当でないと解されるものを除き、その保障が及ぶ。 ※なお、不法滞在者にも人権の保障が及ぶ。

地方選挙権について →外国人に地方選挙権が認められるかが争われた。	憲法93条2項にいう「住民」とは、地方公共団体の区域内に住所を有する日本国民を意味する。よって、我が国に在留する外国人に対して、地方公共団体の長、その議会の議員等の選挙の権利は保障されていない。もっとも、定住外国人について、法律をもって、地方公共団体の長、その議会の議員等に対する選挙権を付与する措置を講ずることは、憲法上禁止されていない。しかし、これは専ら立法政策の問題であるため、このような措置を講じないからといって違憲の問題が生じることもない。 要するに、付与してもいいし、しなくてもいいということだよ。このような立場を「許容説」という。
指紋押捺事件 →外国人に指紋押捺を強制されない自由が認められるかが争われた。	何人もみだりに指紋の押捺を強制されない自由を有する。そして、権利の性質上、この権利は在留外国人にも等しく及ぶ。もっとも、指紋押捺制度自体は、合憲である。
出入国関連の自由 →外国人に出入国関連の自由が保障されているかが争われた。	入国の自由は国際慣習法上保障されていない。在留を求める権利も保障されていない。再入国の自由（一時旅行する自由）も保障されていない。出国の自由だけ保障される。
生存権（塩見訴訟） →外国人に生存権が保障されているかが争われた。	国は特別の条約が存しない限り、その政治的判断により決定できる。つまり、憲法上、外国人には生存権は保障されていない。また、限られた財源の下で福祉的給付を行うにあたり、自国民を在留外国人より優先的に扱うことも許される。
公務就任権 →外国人は管理職公務員になれるかが争われた。	国民主権の原理から、公権力行使等地方公務員（管理職）については原則として日本国籍を有する者の就任が想定されている。よって、日本国籍でないということを理由に管理職選考試験の受験を拒否しても、憲法14条（法の下の平等）には違反しない。

2 法人の人権享有主体性

　法人も社会で活動する実体ですから、人権は保障されます。判例も、人権規定は性質上可能な限り、内国の法人にも適用されるとしています（性質説）。外国人の場合と同じように考えていくのが判例です。しかし、法人にも自然人と同程度の保障が及ぶのか？というと、そうではありません。次にメジャーな判例をまとめておきます。

八幡製鉄事件 →株式会社に政治活動の自由が認められるかが争われた。	会社は、自然人である国民と同様に政治的行為をなす自由を有する。そして、政治献金の寄付（寄附）もまさにその自由の一環である。それゆえ会社によってそれがなされた場合、政治の動向に影響を与えることがあったとしても、これを自然人たる国民による寄付と別異に扱うべき憲法上の要請があるものではない。
南九州税理士会事件 →税理士会に政治活動の自由が認められるか。	税理士会は強制加入団体であり、このような公的な性格を有する税理士会が、このような活動をすることは、法の全く予定していないところである。税理士会が政党などの政治資金規正法上の政治団体に金員を寄付することは、たとえ税理士会に係る法令の制定改廃に関する要求を実現するためであっても、税理士会の目的の範囲外の行為である。よって、政治資金として各会員から特別会費を徴収する決議は無効である。

> 強制加入団体の場合は会員の脱退が制限される。そのため、会員に要求できることにも限界が出てくるんだ。

3 天皇の人権享有主体性

　細かい話にはなりますが、天皇に人権が保障されるのか、という論点があります。この点については、一般的に天皇も日本国籍を有する国民であるといえますので、人権は保障されます。ただ、皇位の世襲や職務の特殊性の観点から保障されない人権もあります。例えば、外国移住の権利や政治活動の自由などは保障されないと考えられます。

> 天皇は国政に関する権能を有しないので、特定の政党を支持したり、党員になったりすることはできない。

2. 人権の私人間効力

　人権は、本来、国家の権利侵害に対して主張するものとして考えられてきました。**国家に対する防御権**として認められるものだということです。しかし、最近は私人間でも人権侵害的な行為が見られるようになっています。このような場合に、私人間で人権規定が適用されるのか、という問題が生じます。これが「人権の私人間効力」の問題です。判例は、私人間では人権規定は適用されないが、私人間を規律する民法などの私法を使うときに人権的な価値を考慮することはできるといいます。これを「間接適用説」と呼びます。私人間をめぐる争いは判例としていくつかありますので、試験に出てきたことがあるものだけをご紹介します。

三菱樹脂事件 →学生が三菱樹脂株式会社から思想・信条を理由に本採用を拒否された。	企業者は契約締結の自由を有し、いかなる者を雇い入れるか、いかなる条件でこれを雇うかについて、原則として自由にこれを決定することができる。よって、企業者が特定の思想、信条を有する者をその故をもって雇い入れることを拒んでも、それを当然に違法とすることはできない。
日産自動車事件 →女性従業員の定年が男性よりも5歳低く設定されていた。	就業規則中の女子の定年年齢を男子より低く定めた部分は、専ら女子であることのみを理由として差別したことに帰着するものである。よって、性別のみによる不合理な差別を定めたものとして民法90条の規定により無効である。

憲法14条の法の下の平等に違反するといっているのではないよ。ひっかけに注意。

　なお、前述した私人間効力に関する間接適用説に立ったとしても、私人間に直接適用される人権保障規定があります。具体的には、投票の秘密や奴隷的拘束及び苦役からの自由、児童酷使の禁止、労働基本権が挙げられます。

3. 新しい人権

　新しい人権とは、憲法14条以下の個別の人権規定に列挙されていない人権（直接の明文なき人権）のことをいいます。典型例でいうと、プライバシー権がこれに当たります。プライバシー権は個別の明文規定は用意されていませんが、新しい人権として保障され

るに至っています。新しい人権の根拠条文は、憲法13条（幸福追求権）です。この憲法13条が人権製造マシーン的な役割を担うわけですね。しかし、なんでもかんでも具体的な人権にするわけにはいきませんので、あくまでも人格的生存に不可欠な大切な価値を持っているものだけを新しい人権として扱っていきます。次の表で判例を確認してください。

憲法13条の幸福追求権はすべての人権をカバーする包括的な人権といわれ、憲法14条以下に列挙された個別の人権規定と憲法13条との関係は、前者が特別法で後者が一般法となるよ。

京都府学連デモ事件 →みだりに容ぼうを撮影されない自由を争った。	何人も、その承諾なしに、みだりにその容ぼう・姿態を撮影されない自由を有する。これを肖像権と称するかどうかは別として、少なくとも、警察官が、正当な理由もないのに、個人の容ぼう等を撮影することは、憲法13条の趣旨に反し、許されない。 現行犯性、証拠保全の必要性・緊急性、撮影方法の相当性の3つの要件を満たせば、正当な理由があると判断されるので、無令状で撮影することも許されるよ。
前科照会事件 →前科をみだりに公開されない自由を争った。	前科及び犯罪歴は人の名誉、信用に直接関わる事項であり、前科等のある者もこれをみだりに公開されないという法律上保護に値する利益を有する。市区町村長が漫然と弁護士会の照会に応じ、犯罪の種類、軽重を問わず、前科等のすべてを報告することは、公権力の違法な行使に当たる。
①宴のあと事件 ②石に泳ぐ魚事件 ③住基ネット訴訟 →これらはプライバシー権を争った。	①プライバシー権とは、私生活をみだりに公開されない権利である。 ②小説の公表により公的立場にない者の名誉、プライバシー等が侵害され、その者に重大で回復困難な損害を被らせるおそれがあるときは、小説の出版差止めをすることができる（出版差止めと損害賠償を肯定した）。 ③住基ネットによって管理、利用等される本人確認情報は、いずれも個人の内面に関わるような秘匿性の高い情報とはいえない。また、本人確認情報が第三者に開示又は公表される具体的な危険が生じているということもできない。よって、当該個人がこれに同意していないとしても、憲法13条により保障された上記の自由を侵害するものではない。

なお、現在のプライバシー権はより積極的に「自己に関する情報をコントロールする権利」と捉えられていて、2003年に「個人情報保護法」が制定され、何人も自己に関する情報の開示を請求できるようになったよ。

エホバの証人輸血拒否事件 →輸血を受けないという意思決定の自由（自己決定権）を争った。	患者が、輸血を受けることは自己の宗教上の信念に反するとして、輸血を伴う医療行為を拒否するとの明確な意思を有している場合、このような意思決定をする権利は、人格権の一内容として尊重されなければならない。よって、説明なく行った医師の輸血行為は、患者の人格権を侵害し、不法行為責任を生じさせる。	「自己決定権」という人権として明確に認めたわけではないよ。人格権としている点に注意だ。自己決定権として問題になるものとしては、医療分野の尊厳死や安楽死、インフォームドコンセントなどがあるね。
①大阪空港訴訟 ②国立マンション訴訟 →環境的利益を争った（なお、人権として明確に環境権を認めた判例はない）	①空港周辺地域の住民に対する過去の侵害に対する損害賠償は、人格権に基づいて認められる。しかし、将来の侵害に対する損害賠償は認められないし、一定の時間帯につき空港を航空機の離着陸に使用させることの差止めを民事訴訟の手続によって請求することもできない（不適法）。 ②景観利益は、法的保護に値する利益であるが、周辺住民の景観利益を違法に侵害する行為には当たらないので、高層マンションの上層部分の撤去は認められない。	

　なお、よくあるひっかけとして、「プライバシー権」と「知る権利」を逆に記述してくるというものがあります。プライバシー権は今勉強している幸福追求権（憲法13条）の一環として新しい人権に位置付けられますが、一方の知る権利は表現の自由（憲法21条）の一環に位置付けられます。明文規定が直接にはないという点は共通しているのですが、根拠条文が異なります。また、この知る権利を具体化するための法律としては、情報公開法がありますね。本法には「知る権利」という言葉は明記されていないのですが、背景に知る権利があることは間違いありません。同法では何人にも行政文書の開示請求権を認めています。

▶ プライバシー権と知る権利の違い

プライバシー権	自己に関する情報をコントロールする権利 →13条（幸福追求権）に根拠　→個人情報保護法で具体化
知る権利	行政の保有する情報の公開を要求する権利 →21条（表現の自由）に根拠　→情報公開法で具体化

　ほかにも、マス・メディアの報道によって名誉を傷つけられた人が、自己の意見の発表の場を提供することを要求する権利として「アクセス権」（反論文掲載請求権）なるものがあります。しかし、判例は不法行為が成立する場合は別論として、成文法がないのにこのような権利を認めることはできないとしています。

4. 法の下の平等

❶ 法の下の平等とは？

　法の下の平等は、憲法14条1項に規定があります。そこでは、すべて国民は法の下に平等であって、人種、信条、性別、社会的身分又は門地により、政治的、経済的又は社会関係において差別

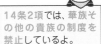

14条2項では、華族その他の貴族の制度を禁止しているよ。

されないとしています。「法の適用」だけでなく、「法の内容」の平等をも要求するものと説明されます。これを「立法者拘束説」と呼びます。そして、平等とは、事実的な差異を前提としない一律の平等を意味するのではなく、同一事情、同一条件の下にある者を平等に扱えばよいと

これを「絶対的平等」というよ。

いう相対的平等を意味します。したがって、生じた格差が合理的な理由に基づく場合は法の下の平等には反しませんが、不合理な理由に基づく場合は違憲になってしまいます。

❷ 法の下の平等の判例

　法の下の平等のテーマでは実に法令違憲が6つ登場します。ですから、試験で出題されるのも違憲判決がメインになります。今回は4つの違憲判決を紹介します。

尊属殺人重罰規定違憲判決 →尊属殺人罪の法定刑が死刑又は無期懲役刑のみという形で通常の殺人罪よりも極端に重くなっている点が憲法14条1項に違反するのではないかが問題となった。	法定刑を死刑又は無期懲役に限る尊属殺重罰規定は、尊属を卑属又はその配偶者が殺害することをもって一般に高度の社会的道義的非難に値するものとし、このような行為を通常の殺人の場合より厳重に処罰することによって、特に強くこれを禁圧することを目的にするものであり、その立法目的の合理性を直ちに否定することはできない。 しかし、刑の加重の程度が立法目的達成のため必要な限度をはるかに超え、普通殺に関する法定刑に比し著しく不合理な差別的取扱いをするものと認められ、憲法14条1項に違反する。

要するに、立法目的はOKなんだけど、立法目的を達成するための手段が行きすぎているから違憲なんだ。

再婚禁止規定違憲判決 →女性のみに6か月の再婚禁止期間を設けている民法の規定は法の下の平等に違反するのではないかが争われた。 ※なお、この判例と同日に夫婦同氏の原則が平等権に違反しないとした判例がある。	再婚禁止規定の立法目的は、女性の再婚後に生まれた子につき父性の推定の重複を回避し、もって父子関係をめぐる紛争の発生を未然に防ぐことにあるため、合理性を認めることができる。しかし、本件規定のうち100日超過部分については、婚姻及び家族に関する事項について国会に認められる合理的な立法裁量の範囲を超えるものとして、その立法目的との関連において合理性を欠くものになっていた。よって、本件規定のうち100日超過部分は、憲法14条1項に違反するとともに、憲法24条2項にも違反する。 100日までの期間は合憲だけど、それを超えた部分は待たせすぎなので違憲になるよ。
非嫡出子相続分差別事件 →民法の規定で、非嫡出子の相続分を嫡出子の2分の1としていたことが問題となった。	父母が婚姻関係になかったという、子にとっては自ら選択ないし修正する余地のない事柄を理由としてその子に不利益を及ぼすことは許されず、子を個人として尊重し、その権利を保障すべきであるという考えが確立されてきている。よって、民法900条4号ただし書の規定は、憲法14条1項に違反する。
国籍法違憲判決 →非嫡出子は、父親が認知をしただけでは日本国籍を取得できず、さらに父母が婚姻（準正）をしなければ日本国籍を取得できないとされていた。	立法目的自体には合理的な根拠があるが、その後、我が国における社会的、経済的環境等の変化に伴って、家族生活や親子関係に関する意識も実態も変化したこと等に照らしてみると、準正を出生後における届出による日本国籍取得の要件としておくことについて、前記の立法目的との間に合理的関連性を見いだすことは難しい。よって、立法目的との間に合理的関連性を見いだし難い。したがって、国籍法3条1項は、憲法14条1項に違反する。

PLAY&TRY

1. 権利の性質上、日本国民のみを対象としているもの
   を除き、外国人にも人権が保障されるが、不法滞在
   者には人権の保障は及ばない。　　　　（東京都R1）

   1. ×
   不法滞在者にも人権の
   保障は及ぶ。

2. 政治活動の自由は外国人にも保障されており、たと
   え国の政治的意思決定に影響を及ぼす活動であって
   も、その保障は及ぶ。　　　　　　　　（東京都R1）

   2. ×
   国の政治的意思決定に
   影響を及ぼす活動につい
   ては、その保障は及ばな
   い。

3. 地方自治体における選挙について、定住外国人に法
   律で選挙権を付与することは憲法上禁止されてい
   る。　　　　　　　　　　　　　　　　（東京都R1）

   3. ×
   禁止されていない（許容
   説）。

4. 在留外国人には、みだりに指紋の押捺を強制されな
   い自由が保障されておらず、国家機関が正当な理由
   もなく指紋の押捺を強制しても、憲法に違反しな
   い。　　　　　　　　　　　　　　　　（東京都R1）

   4. ×
   在留外国人にも、みだり
   に指紋の押捺を強制され
   ない自由が保障されてい
   る。よって、正当な理由も
   なく強制したら違憲とな
   る。

5. 外国人に入国の自由は国際慣習法上保障されておら
   ず、入国の自由が保障されない以上、在留する権利
   も保障されない。　　　　　　　　　　（東京都R1）

   5. ○
   そのとおり。
   出入国関連の自由は頻
   出である。

6. 定年につき就業規則で性別による差を設けることは、
   違法ではない。　　　　　　　　（東京都H23改題）

   6. ×
   民法90条の規定により
   無効となる。

7. 企業が、特定の思想・信条を有することを理由とし
   て雇用を拒むことは、法の下の平等に反するため、
   違法である。　　　　　　　　　（東京都H23改題）

   7. ×
   違法とならない。

8. 幸福追求権とは、憲法第14条以下に列挙された個別
   の人権を総称したものであり、憲法第13条の規定か
   ら具体的な法的権利を引き出すことはできない、と
   するのが通説・判例の立場である。　　　（東京都H30）

8.　×
憲法第14条以下に列挙されていない新しい人権を保障する根拠となるのが幸福追求権である。よって、具体的な法的権利を引き出すことは可能である。

9. 憲法第14条以下に列挙された個別の人権と憲法第
   13条の規定とは、前者が一般法で後者が特別法の関
   係にあるとみることができる。　　　（東京都H30）

9.　×
前者が特別法、後者が一般法である。

10. 昭和44年に「京都府学連事件」の最高裁判決は、み
    だりに容ぼう等を撮影されない自由を「肖像権」と
    称すべきであるとし、公共の福祉を理由に肖像権を
    侵害することは原則として許されないとした。

    （東京都H30）

10.　×
判例では「肖像権と称するかどうかは別として」との留保がつけられた。

11. 昭和56年に「前科照会事件」の最高裁判決は、前科
    等のある者も、前科等をみだりに公開されないとい
    う法律上の保護に値する利益を有するとした。

    （東京都H30）

11.　○
そのとおり。
前科照会事件は頻出である。

12. 昭和59年に「宴のあと事件」の東京地裁判決は、「知
    る権利」が憲法に基づく権利であることを認めた。

    （東京都H30）

12.　×
「知る権利」ではなく、「プライバシー権」の誤り。

13. 知る権利は、自己に関する情報をコントロールする
    権利としてとらえられるようになり、2003年に個人
    情報の保護に関する法律（個人情報保護法）が制定
    され、大量の個人情報を扱う事業者に対し、開示を
    請求できるようになった。　　　　　（特別区H28）

13.　×
「知る権利」ではなく、「プライバシー権」の誤り。

14. 国は、平成11年に情報公開法を制定したが、その先駆けとして、地方公共団体の中で情報公開条例を制定する動きが広まっていた。なお、同法には知る権利は明記されていない。 （国家総合職H27改題）

14. ○
そのとおり。
情報公開制度は地方公共団体の条例レベルから整備が始まった点を覚えておこう。知る権利は明記されていない。

15. アクセス権は、国や地方公共団体の保有する情報の公開を要求する権利として確立され、1999年に制定された行政機関の保有する情報の公開に関する法律（情報公開法）には、政府のアカウンタビリティの定めがある。 （特別区H28）

15. ×
「アクセス権」ではなく、「知る権利」の誤り。アカウンタビリティとは、国民に対する行政の説明責任のことである。

16. プライバシーの権利は、マス・メディアの報道によって名誉を傷つけられた者が、自己の意見の発表の場を提供することを要求する権利であり、意見広告や反論記事の掲載が考えられる。 （特別区H28）

16. ×
「プライバシー権」ではなく、「アクセス権」の誤り。

17. 環境権は、公害、環境問題の深刻化にともない、憲法の幸福追求権や生存権を根拠として主張されるようになったが、大阪空港公害訴訟の最高裁判決では、過去の損害については賠償を命じたものの、環境権については言及しなかった。 （特別区H28）

17. ○
そのとおり。
最高裁判所の判決で環境権を真っ向から認めたものはない。

18. 自己決定権は、一定の私的なことがらについて、公権力から干渉されることなくみずから決定することができる権利であるが、医療分野においては、尊厳死についてのみ自己決定権の問題として議論されている。 （特別区H28）

18. ×
医療分野では尊厳死に限られず、安楽死やインフォームドコンセントなどもある。

19. 法の下の平等は、立法府が国民を不平等に取り扱う内容の法を制定してはならないということを意味するので、行政府が平等に法を適用しなければならないことを意味するのではない。 （東京都H23改題）

20. 尊属殺重罰規定については、尊属殺の法定刑を死刑又は無期懲役刑に限っていることが、立法目的達成のための手段として不合理であることを理由に違憲であるとされた。 （東京都H23）

21. 最高裁判所は、2013年に、婚外子の法定相続分を嫡出子の半分とする民法の規定を違憲と判断し、これを受けて国会は同規定を改正した。 （特別区R2）

22. 日本国憲法は、全て国民は法の下に平等であって、人種、信条、性別、社会的身分又は門地により、政治的、経済的又は社会関係において差別されないとし、また、華族その他の貴族の制度を禁止している。 （特別区R2）

19. ×
法適用の平等も意味する。

20. ○
そのとおり。
手段が行きすぎであるとして違憲とされた。

21. ○
そのとおり。
現在は平等になっている。

22. ○
そのとおり。
憲法14条1項と2項についての記述である。

06

重要度 ★★★　頻出度 ★

精神的自由権

専門試験の憲法では頻出分野なのですが、社会科学ではそこまで多く出題されません。
ただ、人権の基本は自由権なので、しっかりと勉強してください。

精神的自由権とは？

精神的自由権は４つあります。思想・良心の自由（憲法19条）、信教の自由（憲法20
条）、表現の自由（憲法21条）、学問の自由（憲法23条）の４つです。このうち、表現の
自由が一番出題されやすいので、判例を中心に知識を確認していきましょう。

1 思想・良心の自由（憲法19条）

思想・良心の自由は、精神的自由権のなかで、中核的な人権で
す。思想・良心の自由は、内心にとどまる限りは、絶対無制約の人
権（絶対的保障）です。つまり、公共の福祉による制約を受けない
無敵の人権ということです。保障内容は、思想の強制の禁止、不利益的取扱いの禁止、
沈黙の自由の３つがあります。なお、思想・良心とは、内心一般を指すのではなく、人
格形成に必要な内面的精神作用のみを指すとされています。それゆえ単なる事実の知・
不知のようなものは含まれません。では、ここでは有名判例を２つご紹介します。

> それにもかかわらず、明治憲法では、思想・良心の自由の規定がなかったんだ。

謝罪広告命令事件 →裁判所が新聞紙上に謝罪文を掲載するよう命じることは憲法19条に違反しないのか。	謝罪広告を新聞紙等に掲載すべきことを命じても、単に事態の真相を告白し陳謝の意を表明するにとどまる程度のものであれば、良心の自由を侵害し、憲法19条に違反するものではない。

麹町中学校内申書事件	内申書への記載は、思想、信条そのものを記載したもの
→生徒の内申書に政治活動をしていた事実を記載することは憲法19条に違反しないのか。	ではなく、記載されている外部的行為によっては思想、信条を了知しうるものではないし、また、思想、信条自体を高等学校の入学者選抜の資料に供したものとは到底解することができないため、憲法19条には違反しない。

② 信教の自由（憲法20条）

　信教の自由は、憲法20条1項前段で保障されています。内容は3つあり、信仰の自由、宗教的行為の自由、宗教的結社の自由があります。このうち信仰の自由は内心にとどまる限り絶対的保障であるとされています。

　また、日本国憲法では、信教の自由の保障をより確実なものにするために20条1項後段・20条3項・89条前段で、政教分離原則を定めています。

　この政教分離原則は、制度的保障であって、信教の自由そのものを直接保障するものではありません（つまり人権ではない）。国家と宗教の分離を制度として保障することによって、間接的に信教の自由の保障を確保しようとするものです。ただ、「分離」とはいっても国家と宗教との関わり合いを一切否定する趣旨ではなく、相当限度を超える関わり合いだけを否定していき

> 制度的保障とは、信教の自由の内容3つ（核心的部分）を守るためのバリアみたいなものだ。政治と宗教を分離するというルールを作っておくことで間接的に信教の自由を守ることができるよ。

ます。要はちょっとの関わり合いは仕方ないので目をつぶるというわけです。この立場のことを「限定分離説」と呼びます。ここでは、政教分離原則違反かどうかが問題となった代表的な判例を2つだけご紹介します。

津地鎮祭事件	憲法20条3項により禁止される「宗教的活動」とは、当該行
→市が公金を使って起工式（地鎮祭）を行ったことは政教分離原則に違反するのか。	為の目的が宗教的意義を持ち、その効果が宗教に対する援助、助長、促進又は圧迫、干渉等になるような行為をいう。地鎮祭の目的は社会の一般的慣習に従った儀礼を行うという専ら世俗的なものと認められ、その効果は神道を援助、助長、促進し又は他の宗教に圧迫、干渉を加えるものとは認められない。よって、政教分離原則に違反しない（合憲）。

愛媛玉串料訴訟 →愛媛県が、靖国神社 及び県内の愛媛護国 神社に玉串料、供物 料等の名目で公金を 支出した。	県が玉串料等を奉納することは、起工式の場合とは異なり、宗教的意義が希薄化し、慣習化した社会的儀礼にすぎないものとは到底いうことができない。したがって、その目的が宗教的意義を持つことを免れず、その効果が特定の宗教に対する援助、助長、促進になる。よって、政教分離原則に違反する（違憲）。

3 表現の自由（憲法21条）

①21条の条文構造

> **憲法21条**
> 1項　集会、結社及び言論、出版その他一切の表現の自由は、これを保障する。
> 2項　検閲は、これをしてはならない。通信の秘密は、これを侵してはならない。

　21条1項は包括的な保障になっていることが分かります。さまざまな列挙の後に「その他一切」と言っていますからね。ここでは、集会・結社の自由との関連で、集団行進の自由（デモ行進の自由）が問題となることがあります。というのも、デモ行進をする際には公安委員会の許可を受けなければならないという公安条例による規制があるからです。このようにデモ行進を許可制によって事前に規制するのは違憲なのではないかが問題となるわけですが、判例は合憲としています。また、21条1項によって「知る権利」も保障されています。この点は前述しましたので割愛します。

　一方、21条2項では検閲の絶対禁止（例外なく禁止）と通信の秘密の保障が書かれていますね。まず、検閲とは、行政権が主体となって、思想内容等の表現物を対象とし、その全部または一部の発表の禁止を目的として、対象とされる一定の表現物につき網羅的一般的に、発表前にその内容を審査した上、不適当と認めるものの発表を禁止することをいいます。ただ、これまでの判例で、検閲に当たるとしたものは一つもありません。ここでは裁判所の事前差止めの判例をご紹介します。

> 「税関検査」や「教科書検定」、「知事の有害図書の指定」、「裁判所の事前差止め」などなど、数多くのことが検閲に当たるのではないか、と争われたものの、すべて検閲には当たらないとしているよ。試験的には「検閲に当たる」ときたら即×と判断しよう。

北方ジャーナル事件	裁判所は行政機関ではないから、裁判所による事前差止め
→裁判所の出版物の事前差止めは検閲に当たるのか、また、事前抑制禁止の原則により許されないのではないかが争われた。	は、憲法21条2項にいう「検閲」に当たらない。 表現行為に対する事前抑制は、表現の自由を保障し検閲を禁止する憲法21条の趣旨に照らし、厳格かつ明確な要件のもとにおいてのみ許容される。ただし、その表現内容が真実でなく、又はもっぱら公益を図る目的でないことが明白であって、かつ、被害者が重大にして著しく回復困難な損害を被るおそれがあるときは、例外的に事前差止めが許される（結果的に事前差止めは許されるとした）。

通信の秘密については、保障される範囲が広く、通信の内容だけでなく、その差出人（発信人）または受取人（受信人）の氏名・居所及び通信の日時や個数なども保障されます。最高裁判所の判例では、電話傍受をすることが通信の秘密を侵害するのではないか争われた事案がありますが、合憲と判断しました。なお、現在は通信傍受法によって、通信傍受令状という特別の令状があれば、犯罪捜査のための通信傍受は可能とされています。

②報道の自由と取材の自由

マス・メディアが行う報道が重要なのはいうまでもありません。判例も、報道の自由は憲法21条によって保障されるとしています。しかし、報道に不可欠の前提である取材の自由については、21条により保障されるとは明言せずに、憲法21条の精神に照らして十分尊重に値するというにとどめています。保障しないが尊重する、という微妙な位置付けなのが取材の自由です。

また、報道関係者が裁判における証人となった場合、証言拒絶権（取材源の秘匿）が認められるか？　という問題があります。判例は、刑事事件において、証人となった新聞記者には、公正な裁判の実現のため証言拒絶権は認められていないとしています。そのほかにもたくさん判例はあるのですが、あと2つだけ紹介しておきます。

| 外務省秘密漏洩事件
→西山記者は外務省の女性事務官をホテルに連れ込んで情を通じた上で沖縄返還交渉に関する秘密電文を持ちださせた。 | 報道機関が公務員に対し根気強く執拗に説得ないし要請し続けることは、それが真に報道の目的からでたものであり、その手段・方法が法秩序全体の精神に照らし相当なものとして社会通念上是認されるものである限り、違法性を欠き正当な業務行為となる。しかし、取材対象者の個人としての人格の尊厳を著しく蹂躙する等法秩序全体の精神に照らし社会通念上是認することのできない態様のものである場合には、正当な取材活動の範囲を逸脱し違法性を帯びる。 |
| レペタ訴訟
→レペタ氏が、裁判傍聴の際にメモを取ろうと考え、裁判所の許可を求めたが、不許可とされた。 | 筆記行為の自由は、憲法21条1項の規定の精神に照らして尊重されるべきである。よって、傍聴人がメモを取ることは、故なく妨げられてはならないし、特段の事情のない限り、これを傍聴人の自由に任せるべきである。 |

4 学問の自由（憲法23条）

　学問の自由は、明治憲法には明文規定はありませんでしたが、日本国憲法では憲法23条で保障されています。保障内容は、学問研究の自由、研究発表の自由、教授の自由の3つです。教授の自由はもともと大学教授を念頭に認められてきたものなのですが、初等中等教育機関（普通教育）の場における教師の教授の自由も一定限度で認められます。完全な教授の自由が認められているわけではないので注意しましょう。これは、児童生徒に批判能力がないことや子どもの側に教師を選択する余地が乏しいこと、教育の全国一定水準を確保する必要があることなどからくる制限です。

> これは内心にとどまる限り絶対的保障なんだけど、最近は生命倫理の観点からクローンなどの先端科学技術の研究が規制されるケースもあるよ。

　また、学問の自由を保障していることの帰結として、大学内部の問題については干渉できないという「制度的保障」、すなわち「大学の自治」が含まれていると解されています。判例が1つあるのでご覧ください。

東大ポポロ事件	大学の自治は、特に大学の教授その他の研究者の**人事**に関
→大学の自治とは何か、また社会的な事件を題材にした演劇発表会は大学の有する学問の自由と自治は享有するのかが争われた。	して認められる。また、大学の**施設と学生の管理**についてもある程度認められている。そして、学問の自由と大学の自治の享有主体は教授その他の研究者であり、学生は教授その他の研究者の享有する自由や自治の**効果として**学問の自由と施設の利用が認められているにすぎない。また、本件の演劇発表会は、真に学問的な研究またはその結果の発表のためのものではなく、**実社会の政治的社会的活動**であるため、大学の有する学問の自由と自治は享有しない。

PLAY&TRY

1. 思想・良心の自由には沈黙の自由は含まれていない。 （オリジナル）

   1. ×
   沈黙の自由も含まれている。

2. 日本国憲法において、思想・良心の自由は、公共の福祉によって制限されるものであることが明示的に規定されているが、最高裁判所は、三菱樹脂事件で、特定の思想を持つことを理由に企業が本採用を拒否することは違憲であると判示した。 （国税専門官H30）

   2. ×
   思想・良心の自由は絶対的保障である。また特定の思想を持つことを理由に企業が本採用を拒否しても違法になるわけではない。さらに、私人間の問題では憲法判断はなされない（間接適用説）ので、そもそも合憲・違憲という結論は出ない。

3. 謝罪広告命令について、判例は、人の本心に反して、事物の是非善悪の判断を外部に表現せしめ、心にもない陳謝の念の発露を判決をもって命ずることとなり、良心の自由に反するとした。 （国家総合職H25改題）

   3. ×
   良心の自由には反しない。

4. 信教の自由の保障には、宗教的結社等の対外活動の自由を含まない。 (オリジナル)

4. ×
宗教的結社の自由も含まれる。

5. 津地鎮祭事件で判例は、国家と宗教との分離は厳格になされなければならず、国家は宗教とのかかわり合いを一切もってはならないとした。

(国家総合職H25改題)

5. ×
相当限度を超えるかかわり合いを許さないと考えるのが判例である（限定分離説）。

6. 税関検査は憲法21条2項の検閲に当たるが、例外的に許されている。 (オリジナル)

6. ×
税関検査は検閲に当たらない。

7. 通信の傍受を行うことは通信の秘密を害するので許される余地はない。 (オリジナル)

7. ×
現在のところ通信傍受法があることを根拠に許されている。

8. 裁判所の行う事前差止めについて、判例は、表現行為に対する事前抑制は、表現の自由を保障し検閲を禁止する憲法第21条の趣旨に照らし、厳格かつ明確な要件のもとにおいてのみ許容されうるとした。

(国家総合職H25改題)

8. ○
そのとおり。
事前抑制禁止の原則を表している判例である。

9. 報道の自由は憲法21条の保障の下にあるが、取材の自由は憲法21条の精神に照らして十分尊重に値するにとどまる。 (オリジナル)

9. ○
そのとおり。
取材の自由は憲法上の保障までではない。

07

経済的自由権

経済的自由権は、精神的自由権との違いで出題されます。
覚えるべき判例は精神的自由権よりも少ないので、マスターするのは比較的簡単です。

1. 経済的自由権の特殊性

　経済的自由権には、職業選択の自由、居住・移転の自由、外国移住・国籍離脱の自由、財産権があります。これら経済的自由権に対する規制は、精神的自由権に対する規制よりも緩やかに違憲審査を行う、というルールがあります。これを「二重の基準」といいます。これは経済的自由権よりも精神的自由権の方が大切な人権だと考えられているからです（説明の仕方はたくさんある）。そして、経済的自由権に対する規制も、次の図にあるように、もしその規制する法律が人の生命・身体・財産を守るために加えられる規制である消極目的規制（警察的規制）と認定されれば、ある程度厳しく「厳格な合理性の基準」というものを使って合憲・違憲を判断します。これは割と厳しい基準なので、違憲が出やすくなります。一方、何らかの政策的観点から加えられる規制である積極目的規制であると認定されれば、「明白性の原則」を使って判断します。この基準はかなり緩やかな基準なので、

政策的規制といってもいいね。

違憲は出にくいですね。このように当該法律の目的を考えて、それに応じて違憲審査基準を使い分けていくのです。このような考え方を「規制目的二分論」といいます。特に職業選択の自由で判例が用いている基準です。

▶ 規制目的二分論〜職業選択の自由の違憲審査基準〜

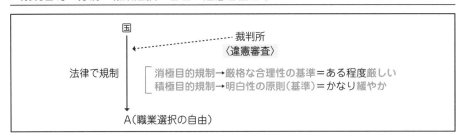

2. 職業選択の自由

　職業選択の自由は憲法22条１項で保障されています。明文では書かれていませんが、職業を遂行する自由である「営業の自由」も保障されます。職業選択の自由が問題となった事案はたくさんありますが、ここでは規制目的二分論によって判断した判例を２つ紹介します。

職業を選択できても、その後の営業活動が円滑に進まないと意味がないからだよ。

　１つ目は、小売市場事件です。これは新しく小売市場を開設するためには、法律で既存の市場から一定の距離を離せとなっていたところ（距離制限）、この規制が22条１項に違反するのではないかが問題となりました。判例は、法の目的を経済的基盤の弱い小売商を相互間の過

距離制限は「適正配置規制」と呼ばれているよ。

当競争による共倒れから保護するという積極目的規制と認定し、明白性の原則を用いて合憲と判断しています。２つ目は、薬事法違憲判決です。こちらも同じく薬局の距離制限が22条１項に違反するのではないかが問題となりました。判例は、薬局の距離制限は、主として国民の生命及び健康に対する危険を防止するという消極的、警察的目的のための規制措置であると認定し、厳格な合理性の基準を用いて違憲という結論を導いています。流れをまとめると次のようになります。

小売市場事件	積極目的規制→明白性の原則→合憲
薬事法違憲判決	消極目的規制→厳格な合理性の基準→違憲

3. 居住移転の自由、外国移住・国籍離脱の自由

　憲法では、22条１項で、「何人も、公共の福祉に反しない限り、居住、移転……の自由を有する」、２項で「何人も、外国に移住し、又は国籍を離脱する自由を侵されない」と書かれています。まずは明文規定があることを押さえましょう。

　ここで問題となるのは、外国旅行（海外渡航）の自由は保障されているのか？ という点と、無国籍になる自由まで保障されているのか？ という２点です。外国旅行については明文がないので問題となります。しかし、判例は22条２項で保障されていると考えていきます（22条２項説）。ただ、いかなる場合にも保障されるわけではなく、日本の安全を脅かしたり、公益を害したりするような人にはパスポートの発給を拒否できるというのが判例です。また、国籍離脱の自由には、重国籍になる自由や無国籍になる自由は

含まれません。こんなものを認めたら国籍唯一の原則に反してしまいますから当然です。

> みんな国籍は必ず持っていなければならず、しかも1つに限られる、という原則だよ。

4. 財産権

憲法29条

1 項　財産権は、これを侵してはならない。

2 項　財産権の内容は、公共の福祉に適合するやうに、法律でこれを定める。

3 項　私有財産は、正当な補償の下に、これを公共のために用ひることができる。

　まずは1項からです。財産権は歴史的にはフランス人権宣言において神聖不可侵の権利（所有権絶対）として保障されてきましたが、今は公共の福祉によるある程度の制限を受けます。1919年のワイマール憲法が「所有権は義務を伴う」と言い出したのが有名です。保障内容は2つあって、個人の個別的な財産権の保障と私有財産制を保障しています。

> 財産や生産手段の私有を認めるということ。制度的保障だと解されているよ。

　次に2項ですが、財産権の内容は法律で定めるとなっていますが、条例によって定めることもできます。つまり、条例によって公共の福祉の制限を設けることも可能ということです。判例では、森林法で山林の2分の1以下の持分しか有していない共有者からの分割請求を否定していた点を違憲と判断したものがあります（森林法違憲判決）。

　最後に、3項です。財産権は正当な補償の下に、これを公共のために用いることができます。「公共のために用いる」というのは、直接国が財産を用いる場合には限定されずに、農地改革のように、国が地主から土地を買収し、最終的には当該土地が個人に分配されることになる場合も含みます。「正当な補償」についても、私人に特別の犠牲を課すような場合だけ補償をすれば足ります。もし、法律に補償に関する条文が用意されていないときは、その法律は違憲とならずに、直接憲法29条3項を根拠にして、補償請求をしていけばよいとするのが判例です。

> 判例では、農地改革の事案で、相当な額を補償すればよいといったものもあれば、土地収用の事案で完全な額を補償しなければならないとしたものもあるよ。

PLAY&TRY

1. 経済的自由権に対する規制は、精神的自由権に対する規制と同じ基準をもって違憲審査が行われる。 （オリジナル）

2. 何らかの政策的観点から加えられる規制である積極目的規制であると認定されれば、当該規制措置が著しく不合理である場合に限って違憲とする「明白性の原則」が採用される。 （オリジナル）

3. 憲法が保障する職業選択の自由には営業の自由が含まれ、国家の政策的な配慮に基づく積極的な規制に服することがある。 （オリジナル）

4. 海外渡航の自由は明文で保障されているので、これに対して合理的な理由があっても制限を加えることはできず、パスポートの発給を拒否することは許されない。 （オリジナル）

5. 憲法22条2項では、個人の自由意思で国籍を離脱することを認めており、無国籍になる自由も含まれると解されている。 （オリジナル）

6. 財産権は、フランス人権宣言で神聖不可侵の権利とされたが、これは今も変わっていない。 （オリジナル）

1. ✕
経済的自由権の方が緩やかな基準で違憲審査が行われる（二重の基準）。

2. ◯
そのとおり。
緩やかな審査基準であるため、違憲は出にくい。

3. ◯
そのとおり。
積極目的規制があり得る。

4. ✕
海外渡航の自由は明文では保障されていない。また、合理的な制限があれば制限を加えることができ、パスポートの発給も拒否されることがあり得る。

5. ✕
無国籍になる自由は含まれない。

6. ✕
財産権は公共の福祉による制限を受けるとされている。

7. 憲法29条３項の「正当な補償」とは、法律に規定が
ある場合に認められ、法律に補償に関する規定がな
い場合については、当該法律が違憲となる。

（オリジナル）

7. ×
法律に規定がない場合に
も、直接憲法29条３項を
根拠として、補償請求で
きる。それゆえ当該保障
規定のない法律も違憲と
はならない。

昔のように
財産権が神聖不可侵に
ならないかなぁ。
なんかかっこいいよね

経済的自由権の保障の歴史は意外と古い？

　経済的自由権は、経済活動について国家が制限してはいけないという建前の下、保障されている人権ですが、このような権利は何も近代日本になって初めて保障されるに至ったものではありません。いつの時代も少なからず商人たちの自由な商売を認める施策はとられてきたわけですから。例えば、織田信長の楽市・楽座はその典型です。これは、市場の税金を免除し、商工業者の団体が有していた特権をなくそうという政策です。これにより、誰もが自由に商売をすることができるようになりました。また、天保の改革で水野忠邦の行った株仲間の解散もそうかもしれません。商売を独占してきた株仲間を解散し、一般の商人も商売をしやすくしてやろうというわけですからね。こんな感じで、商人たちの自由は昔からある程度は保障されてきたのです。そして、その背後には、当然、経済活動が活発になれば、国が豊かになるという発想があったことは言うまでもありません。

08

重要度★★★　頻出度★★

人身の自由

人身の自由は条文知識を中心に地味に出題されます。しかし、ほとんどの受験生が
得点できていないのが実態です。基本を押さえて、ほかの受験生を引き離しましょう。

1. 人身の自由とは？

　日本国憲法は、詳細な人身の自由を保障する規定を置いていま
す。人身の自由は、いわゆる「被疑者」「被告人」の人権の手続
的保障なので、まずはこれら2者の違いを意識してもらいましょ

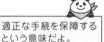

適正な手続を保障する
という意味だよ。

う。簡単に言うと、起訴（公訴提起）されるまでが被疑者で、起訴され、裁判で争って
いる段階が被告人です。

▶ 被疑者と被告人

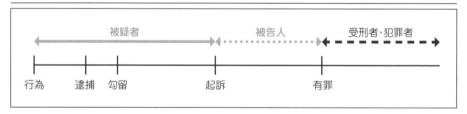

2. 奴隷的拘束・苦役からの自由

　まず、何人も、**いかなる奴隷的拘束も受けません**。これは絶対的禁止です。次に、犯
罪による処罰の場合を除いては、その意に反する苦役に服させられません（憲法18条）。
これは例外がありますね。つまり、犯罪による処罰の場合には懲役刑などの強制労働が
課されてしまうことがありますよ、ということです。なお、徴兵制を導入することはこ
の苦役に当たるとされています。

3. 法定手続の保障

憲法31条では、「何人も、法律の定める手続によらなければ、その生命若しくは自由を奪はれ、又はその他の刑罰を科せられない」と書かれています。ここで要求されているのは、直接的には手続を法定しなさい（手続の法定）、ということなのですが、判例は、それだけではなく、手続の適正、実体の法定及び実体の適正まで保障されていると解釈しています。まとめると次のようになります。

▶ 憲法31条の射程

	法定	適正
手続	憲法31条の明文規定より（刑事訴訟法の制定）	告知・聴聞、弁解の機会の付与（言い訳を聞いてもらう権利）
実体	罪刑法定主義（刑法の制定） →犯罪と刑罰を法定しておく必要がある（懲役・禁錮の期間、罰金額なども含む）	罪刑の均衡、明確性の原則

4. 被疑者・被告人の各種権利

1 令状主義

憲法33条

何人も、現行犯として逮捕される場合を除いては、権限を有する司法官憲が発し、且つ理由となつてゐる犯罪を明示する令状によらなければ、逮捕されない。

憲法35条1項

何人も、その住居、書類及び所持品について、侵入、捜索及び押収を受けることのない権利は、第33条の場合を除いては、正当な理由に基いて発せられ、且つ捜索する場所及び押収する物を明示する令状がなければ、侵されない。

まず、33条の方は逮捕の場面における令状主義です。現行犯逮捕（準現行犯も含む）は無令状でできることが分かりますね。ちなみに、緊急時に令状なく逮捕する「緊急逮捕」（刑事訴訟法210条に規定がある）というものもありますが、あれは事後的に令状

> 令状は司法官憲が発することになっているけど、これは裁判官を意味するよ。警察や検察ではないので注意しようね。

を発付することになっているので合憲です。

　次に、35条1項の方ですが、こちらはガサ入れや差押えの際の令状主義を規定する条文です。令状による通常逮捕や現行犯逮捕、緊急逮捕などの逮捕をする場合には、無令状で捜索・押収をすることができることが分かります。

35条1項は主に刑事手続に関する条文なんだけど、行政手続に適用されることがあり得るよ。

② 弁護人依頼権等

　何人も、理由を直ちに告げられ、かつ直ちに弁護人に依頼する権利を与えられなければ、抑留又は拘禁されません。また、何人も、正当な理由がなければ、拘禁されず、要求があれば、その理由は、直ちに本人及びその弁護人の出席する公開の法廷で示されなければなりません。公開法廷で正当な理由を示してもらうことができるのは拘禁の場合だけで、抑留の場合は含みませんので注意しましょう。さらに、刑事被告人は、いかなる場合にも、資格を有する弁護人を依頼することができ、被告人が自らこれを依頼することができないときは、国でこれを附することになっています。現在は被疑者についても法律レベルで国選弁護制度が用意されています。

抑留は短期の身柄拘束で逮捕を指す、拘禁は長期の身柄拘束で勾留を指すと思っておこう。

刑事訴訟法だよ。

③ 裁判を受ける権利

　何人も、裁判所において裁判を受ける権利を有しますが、すべて刑事事件において、被告人は、公平な裁判所の迅速な公開裁判を受ける権利を有します。「迅速」という点については、判例では、起訴された後、合理的な理由もないのに15年間まったく公判審理がなされずに放置された事案で、審理を打ち切るという非常救済手段を認めたものがあります（高田事件）。

④ 証人審問権、証人喚問権

　刑事被告人は、すべての証人に対して審問する機会を充分に与えられます（証人審問権）。これは被告人に対して証人への反対尋問を保障したものです。また、公費で自己のために強制的手続により証人を求める権利を有します（証人喚問権）。これは被告人に有利な証言をしてくれる証人を呼んでくる権利です。

5 供述に関するルール

まず、何人も、自己に不利益な供述を強要されません。これを
「自己負罪拒否特権」と呼びます。簡単に言うと黙秘権ですね。

自己負罪拒否特権を
争った判例はたくさん
あるけど、違憲を認め
たものはないよ。

6 自白に関するルール

自白は証拠の女王などと呼ばれるくらい偏重されるおそれがあります。そうすると、
誤判が生まれ、冤罪を生む温床にもなります。そこで、自白については2つのルールが
憲法上規定されています。自白法則と補強法則です。自白法則は任意性のない自白は証
拠として使えないというものです。一方、補強法則とは、本人の自白のみでは有罪にで
きず、プラスして補強証拠がないとダメだよ、というものです。次にまとめます。

▶ 自白に関するルール

①自白法則
強制、拷問若しくは脅迫による自白又は不当に長く抑留若しくは拘禁された後の自白
は、これを証拠とすることができない。
②補強法則
何人も、自己に不利益な唯一の証拠が本人の自白である場合には、有罪とされ、又は刑
罰を科せられない。

なお、証拠の価値判断は、裁判官の自由判断に任せるという「自由心証主義」が採ら
れています。

7 遡及処罰の禁止（事後法の禁止）

何人も、実行の時に適法であった行為または既に無罪とされた行為については、刑事
上の責任を問われません。また、同一の犯罪について、重ねて刑事上の責任を問われる
ことはありません。

▶ 遡及処罰の禁止（事後法の禁止）

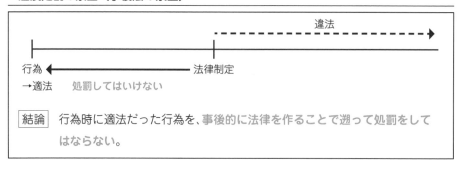

| 結論 | 行為時に適法だった行為を、事後的に法律を作ることで遡って処罰をしてはならない。 |

5. 再審と検察審査会制度

1 再審

　再審とは、有罪判決が確定した後に、新しい証拠が出てきて、確定判決の正当性が失われたときに、再度審査をし直すことをいいます。刑事訴訟でよく耳にする用語だと思います。再審はあくまでも被告人の利益になる場合でなければできません。これを不利益再審の禁止といいます。よって、死刑判決などの有罪判決が再審で無罪になることはありますが、無罪判決が再審で有罪になることはありません。

> 民事訴訟でも一応用意されているよ。

> 再審で無罪となった事例はたくさんあるよ。

2 検察審査会制度

　検察審査会制度は、検察官の不当な不起訴処分を、選挙権を有する国民の中から「くじ」で選ばれた11人の検察審査員が審査する制度です。日本で起訴権（公訴提起権）を持っているのは、検察官だけです（起訴独占主義）。にもかかわらず、例えば、公務員が被疑者になっている事案で、身内をかばうべく検察官が起訴しなかったら国民はどう思うでしょうか？　怒りますよね。そこで、このような不当な不起訴処分があったときは、検察審査会が不起訴処分の妥当性をチェックするわけです。審査の簡単な流れを次に示してみますね。

> 不当な起訴処分に関する審査はできないので注意しよう。

▶ 検察審査会の審査の流れ

1. 審査の開始
2. 議決をする（①起訴相当の議決、②不起訴不当の議決、③不起訴相当の議決）
3. 2.で①の議決があったのに検察官が改めて不起訴処分をする
4. 再度の審査を開始
5. 起訴相当の議決
6. 5.は強制力を持ち、裁判所が指定した弁護士が検察官に代わって起訴する（強制的起訴）

　このように、2回目の起訴相当の議決は強制的起訴の効力を持ちます（法的拘束力を持つ）。起訴するのが弁護士である点もおもしろいですよね。

6. 裁判員制度

　検察審査会制度を勉強したので、最後に裁判員制度も一緒にまとめておきましょう。ごちゃごちゃにならないように注意です。裁判員制度は、国民が地方裁判所で行われる重大な刑事事件（殺人や強盗致死、身代金目的誘拐など）の第一審に参加する制度です。裁判員は18歳以上の有権者から無作為に抽出されます。

民事事件はダメだよ。また、二審以降は関与できない。

　そして、裁判員6名と裁判官3名が一緒になって有罪無罪の決定を行い、量刑（刑の量定）をします。この量刑にまで裁判員が関与する点が最大のポイントです。また、基本的に裁判員と裁判官の立場は平等（指揮監督関係ではない）なのですが、裁判員だけでは有罪にできず、裁判官1人以上が多数意見に賛成していることが必要です。この裁判員制度の対象となる重大事件については、原則として、取調べの全過程を録音・録画しなければなりません。

ほかにも、裁判員は証人に対する尋問及び被告人に対する質問も行うことができるよ。

　なお近時、裁判員制度が憲法違反か否かが争われた事案で、判例は、裁判員法による裁判員制度は、憲法に反しないとしています。

PLAY&TRY

1. 何人も、現行犯又は準現行犯として逮捕される場合若しくは緊急逮捕の場合を除き、権限を有する裁判官が発する令状によらなければ、逮捕されることはない。　　　　　　　　　　　　（東京都H29）

   1. ○
   そのとおり。
   憲法33条の令状主義の説明として正しい。

2. 何人も、弁護人に依頼する権利を与えられなければ拘禁されないが、一時的な身体の拘束である抑留については、この限りでない。　　　　　　　（東京都H29）

   2. ×
   抑留の場合も弁護人依頼権は保障される。

3. 何人も、住居、書類及び所持品について、侵入、捜索及び押収を受けることのない権利は、逮捕に伴う場合であっても、侵されることはない。　　　　　　（東京都H29）

   3. ×
   令状があれば侵入、捜索及び押収をすることはできる。また、逮捕に伴う場合は、無令状で侵入、捜索及び押収をすることができる。

4. 何人も、刑事被告人となった場合には、全ての証人に対して審問する機会を充分に与えられ、自費で自己のために強制的手続により証人を求める権利を有する。　　　　　　　　　　　　（東京都H29）

   4. ×
   公費で自己のために強制的手続により証人を求める権利を有する。

5. 何人も、現行犯又は準現行犯として逮捕される場合若しくは緊急逮捕の場合を除き、自己に不利益な供述を強要されず、自己に不利益な唯一の証拠が本人の自白である場合、有罪とされない。　　　　　　　　　　　　（東京都H29）

   5. ×
   「現行犯又は準現行犯として逮捕される場合若しくは緊急逮捕の場合を除き」という部分が誤り。

6. 再審制度とは、裁判によって刑が確定した後、判決の判断材料となった事実認定に合理的な疑いがもたれるような証拠が発見された場合は、裁判のやり直しを行うことをいうが、これまで再審によって無罪になった事件はない。　　　　　　　（特別区H30）

   6. ×
   再審によって無罪になった事件は多数ある。

7. 検察審査会制度とは、有権者の中から無作為に抽出された検察審査員が検察官の不起訴処分の適否を審査するものであり、同じ事件で2回起訴相当とされた場合には、裁判所が指名した検察官によって強制的に起訴される。 （特別区 H30改題）

7. ×
裁判官が指名した弁護士によって強制的に起訴される。

8. 裁判員制度とは、20歳以上の国民の中から選任された裁判員が、裁判官とともに有罪か無罪かを判断し、有罪の場合は量刑に関しても決定するものであるが、評議で意見が一致しない場合、評決は裁判員のみの過半数で行われる。 （特別区 H30）

8. ×
裁判官と裁判員の過半数で行う。ただし、この中に少なくとも1人以上の裁判官の賛成がなければならない。

9. 裁判員制度における裁判員は、裁判官と共に事実認定、被告人の有罪・無罪の決定及び量刑の評議を行うが、証人に対する尋問及び被告人に対する質問については、高度な法的知識が必要となるため、裁判官のみが行うこととされている。 （国家一般職 R1）

9. ×
証人に対する尋問及び被告人に対する質問も裁判員が行うことができる。

10. 裁判員制度は、一定の重大な犯罪に関する刑事事件の第二審までに限定して、有権者の中から無作為に選ばれた裁判員が裁判官と一緒に裁判にあたる制度であり、裁判員は、量刑の判断を除いて、裁判官と有罪か無罪かの決定を行う。 （東京都 H30）

10. ×
刑事事件の第一審に限られる。また、量刑判断も行う。

09

社会権

社会権は20世紀型の権利で、1919年にワイマール憲法で
初めて保障されるに至りました。生存権を中心に条文知識を押さえましょう。

1. 生存権

1 憲法上の規定

　生存権は、歴史的には、ワイマール憲法で初めて規定された権利です。日本国憲法では、健康で文化的な最低限度の生活を営む権利として25条1項に明記されています。また、同条2項では、「国は、すべての生活部面について、社会福祉、社会保障及び公衆衛生の向上及び増進に努めなければならない」とされているため、これに基づき各種社会福祉立法が制定されています。生存権は、社会権的基本権といわれますが、自由権的な側面と請求権的な側面（社会権的な側面）の両方を兼ね備えていることを忘れてはいけません。ただ、請求権的側面については、その法的性格について学説の対立があります。

▶ 生存権の法的性格（請求権的側面）

プログラム 規定説	憲法25条は、国に政策的指針や道徳的義務を課したものであり、権利ではない（法規範性自体を否定）。 〈理由〉 ①資本主義社会の下では、自助の原則が妥当するので、自分の生存は自分で確保するべき。 ②生存権を実現するためには、予算が必要であるが、予算の配分は財政政策に関わることから、国の裁量である。 〈批判〉 資本主義が生み出した格差を埋めるために登場してきたのが生存権。自助の原則を根拠とするのは本末転倒。

抽象的権利説	憲法25条１項の生存権は、それを具体化した法律が定められて初めてその法律と一体となって具体的権利となる。
具体的権利説	直接憲法25条１項を根拠として国に対して生活扶助等の給付を求めることはできないが、裁判所に対して立法不作為の違憲確認訴訟を提起できる。 〈批判〉 不作為の違憲確認訴訟を提起できるといってみたところで、何らの実効性も持たない。

　判例としては、朝日訴訟と堀木訴訟が有名です。前者の朝日訴訟では、生活保護法の保護基準の妥当性が争われましたが、判例は「憲法25条１項は、すべて国民が健康で文化的な最低限度の生活を営みうるように国政を運営すべきことを国の責務として宣言したにとどまり、直接個々の国民に対して具体的な権利を賦与したものではない」としています。また、後者の堀木訴訟では、児童扶養手当と障害福祉年金の併給禁止が違憲なのではないかが争点となりましたが、判例は「憲法25条の趣旨にこたえて具体的にどのような立法措置を講ずるかの選択決定は、立法府の広い裁量にゆだねられており、それが著しく合理性を欠き明らかに裁量の逸脱・濫用と見ざるをえないような場合を除き、裁判所が審査判断するのに適しない事柄である」として、合憲の結論を導いています。

2 世界の社会保障

　イギリスでは、1601年にエリザベス救貧法ができ、一応国王による恩恵的な福祉ができました。ただ、これは社会保険とは到底いえないような内容だったといわれています。

　時代は下り、ドイツでは、宰相ビスマルクの下、1880年代に３つの保険法が成立しました。これが世界初の社会保険といわれています。ただ、試験的には、失業保険がなかった点を覚えておきましょう。

> 1883年に疾病保険法（医療保険）が、1884年に労働者災害保険法（労災保険）が、1889年に養老保険法（年金保険）がそれぞれ制定された。

失業保険といえば1911年にイギリスで制定された国民保険法が有名です。これは健康保険と失業保険がパッケージ化されていたので、失業保険についてはイギリスが世界初ということになります。その後、アメリカでは、ニューディール政策の一環として、1935年、社会保障法ができあがります。これは、「社会保障」という名を初めて使った法律でした。

> アメリカの医療保険は民間を活用するものなので、全国民を包摂する公的な医療保険制度はないんだ。

　最後に、1942年にイギリスで公表された「ベバリッジ報告」

を覚えておきましょう。これが第二次世界大戦後の「ゆりかごから墓場まで」という社会保障制度の基礎となったためです。

❸ 日本の社会保障制度

　日本の社会保障は、社会保険、社会福祉、公衆衛生、公的扶助の4つで成り立っています。社会科学でよく出てくるのは、社会保険と公的扶助です。そこで、今回はこの2つを概観します。

　まず、日本の社会保険は、公的なものが5つあります。次の表を見て、基礎的な部分だけは押さえるようにしてください。

▶ 社会保険の分類

医療保険	1961年から国民皆保険制度が導入された。職業別に次のような保険に加入する。 ①サラリーマン→健康保険（大企業は健康保険組合、中小企業は協会けんぽ） ②公務員や私学職員→共済保険 ③自営業など→国民健康保険 ※75歳以上の者や寝たきり等の65歳以上の者は、後期高齢者医療保険制度に加入する。原則1割負担だが、現役並み所得者は3割負担である（2021年3月現在）。
年金保険	1961年から国民皆年金制度が導入された。日本の年金制度は、保険料をそのときの年金受給者への支払いに充てる「賦課方式」を採用している（積立方式のよいところも取り入れている）。近時、少子高齢化や経済状況などを考慮して、年金額を抑制する「マクロ経済スライド」が導入されている（実際の発動例も複数回ある）。 日本国内に居住する20歳以上60歳未満のすべての人が加入する国民年金（基礎年金）がベースとなっている。定額の保険料を納める。 第1号被保険者：自営業者、学生、無職など 第2号被保険者：サラリーマン、公務員など 第3号被保険者：第2号被保険者の被扶養配偶者［専業主婦（夫）など］ ※第2号被保険者は、厚生年金（報酬比例年金）にも加入し（国民年金とのダブル加入）、定率の厚生年金保険料を事業主と折半して納める。その代わり、国民年金の保険料は免除されている。 ※公務員は以前共済年金であったが、2015年10月から厚生年金に統合された。また、短時間勤務の労働者も一定の要件に該当すれば、厚生年金に加入できる。

雇用保険	労働者を雇用する事業主は、原則として強制加入である。失業者や教育訓練を受ける人に対して、失業等給付を支給する保険。保険料は、事業主と労働者が折半して負担する。
労働者災害補償保険	労働者の業務上の事由または通勤による労働者の傷病等に対して必要な保険給付を行う保険。保険料は事業主が全額負担する。原則として一人でも労働者を使用する事業は、業種の規模のいかんを問わず、すべてに適用される。
介護保険	一番新しい保険で、2000年からスタートした。40歳から加入することになる。保険者は市区町村である。 第1号被保険者：65歳以上の者 第2号被保険者：40歳から64歳までの者 第2号被保険者がサービスを受けられるのは、加齢を原因とした特定疾病に限られる。被保険者が市区町村に設置されている介護認定審査会において要介護（1〜5）、ないし要支援（1、2）と認定されると保険給付を受けることができる（支給限度額あり）。介護サービスには、居宅サービス・施設サービス・地域密着型サービスの3つがある。負担割合は、原則1割だが、所得が高くなると、2割負担、3割負担となる場合がある。残りの費用は公費50％、被保険者保険料50％で運用している。

次に、公的扶助ですが、具体的には生活保護を意味します。生活保護は、収入が最低生活費に満たない場合に、最低生活費から収入を差し引いた差額が保護費として支給されます（差額支給）。

生活保護には4つの原則があります。まず、困窮に陥った理由や過去の生活歴などは一切問いません（無差別平等の原則）。次に、生活保護を受けるためには、原則として、保護の申請をしなければならず（申請保護の原則）、資産や能力、援助、扶養を期待できない場合に保護決定がおります（補足性の原則）。ですから、当然保護決定のためには資力調査（ミーンズ・テスト）を行う必要があります。これは「選別主義」の表れだといわれます。なお、生活保護は、原則として、世帯単位で要否を決めることになっています（世帯単位の原則）。生活保護の種類は、「生活扶助」「教育扶助」「住宅扶助」「医療扶助」「出産

例外的に緊急性が高い場合に、職権保護が認められることがある。

普遍主義と選別主義があるんだけど、ミーンズ・テストを行う以上、選別主義だよ。逆にベーシックインカムは普遍主義だね。

扶助」「生業扶助」「葬祭扶助」「介護扶助」の8つが用意されていて、このうち医療扶助と介護扶助は現物給付となっています。

2. 教育を受ける権利

　すべて国民は、法律の定めるところにより、その能力に応じて、ひとしく教育を受ける権利を有します。国民各自は、一個の人間として、また、一市民として、成長、発達し、自己の人格を完成、実現するために必要な学習をする固有の権利を有していて、特に子どもは、その学習要求を充足するための教育を自己に施すことを大人一般に要求する権利を有します。これを「子どもの学習権」といいます。

　そして、すべて国民は、法律の定めるところにより、その保護する子女に普通教育を受けさせる義務を負います。これは納税、勤労と並んで三大義務の一つですが、あくまでも親の義務として規定されているので注意しましょう。また、義務教育は、無償とされていますが、これは授業料の無償を意味するというのが判例です。

> 教科書代をはじめとする教育費全般を無償にするという意味ではないんだ。

3. 労働基本権

1 労働三権と労働三法

　勤労者には、団結する権利及び団体交渉その他の団体行動をする権利が保障されています。すなわち、団結権、団体交渉権、団体行動権（争議権）の「労働三権」（労働基本権）が保障されています。これらは勤労権と相まって意味をなす権利といえますね。そして、具体化立法としては、労働組合法（1945年）、労働関係調整法（1946年）、労働基準法（1947年）の「労働三法」が順番に制定されました。

　なお、我が国の公務員は、労働三権が制限されています。例えば、警察官や海上保安官などの権力的公務員は、三権すべてが制限されているのが実情です。

▶ **公務員の労働基本権**

	団結権	団体交渉権	団体行動権（争議権）
権力的公務員（警察、消防、自衛隊、海上保安庁職員）	×	×	×
非現業公務員	○	△ （労働協約締結権なし）	×
現業公務員 公営企業職員	○	○	×

2 労働事情

　日本の平均年間実労働時間は1600時間台となっていて、努力の甲斐あって徐々に減ってきています。ただ、労働生産性はまだまだ低いままとなっています。そんな中、2018年に、労働環境を整備するために「働き方改革関連法」ができ、残業規制をすることになりました。1か月の残業の上限を原則として「月45時間、年360時間」として、忙しい時期にも「月100時間未満、年720時間」となっています。年次有給休暇（年休）についても10日以上付与される労働者に対しては、取得時季を指定して年5日の年休を労働者に取得させることが使用者の義務となっています。ほかにも、高度プロフェッショナル制度といって、年収1075万円以上の一定の専門職（アナリストなど）に就いている人は成果に対して賃金を払うものとし、残業や深夜・休日労働をしても割増賃金が支払われないという制度が導入されています。一方、勤務間インターバル制度は「努力義務」とされるにとどまっていることも覚えておきましょう。これは、勤務終了後、次の始業までに一定の時間を空けなければならないという制度です。

> 対象労働者には管理監督者や有期雇用労働者も含まれるよ。パートタイム労働者にも年休は割合的に付与される。

　労働組合活動の停滞も大きく問題となっています。日本の労働組合は企業別労働組合が多く、組織率が年々低下傾向にあります（推定組織率は17％程度）。働き方が多様化していることが原因だといわれていますね。また、女性の管理職割合も国際的には低く、指導的地位に占める女性の割合を30％程度に上昇させることが政府の目標となっています。

> 男女別の賃金格差も男性：女性は10：7程度だ。格差は縮小してきているけど、解消にはほど遠い。一方、女性の労働力率（M字カーブ）の問題は解消しつつある。谷が35〜39歳となっていて、くぼみが浅くなってきているよ。

3 環境問題

環境権を認めた判例はありませんが、ここでは日本の環境問題と国際的な条約をまとめておきます。また、補足的にリサイクル法制についても簡単にまとめておきます。

①日本の環境問題

日本では、戦前は足尾銅山鉱毒事件が発生しました。渡良瀬川周辺で発生した日本初の公害事件です。政治家の田中正造がこの問題を国に訴えたことで歴史上有名ですね。戦後はいわゆる四大公害訴訟が起こります。これに基づき、1967年に公害対策基本法が制定され、1971年には総理府の外局として環境庁ができました。なお、

> 新潟水俣病、イタイイタイ病、四日市ぜんそく、熊本水俣病で、すべて住民側が勝訴したよ。

公害対策基本法は1993年に廃止され環境基本法となり、環境庁は2001年の省庁再編時に環境省に格上げされました。1997年には、環境アセスメントの手続について定めた法律である「環境影響評価法」（環境アセスメント法）ができ、施策を行う際に環境にどんな影響があるのかを事前にチェックすることになりました。

また、試験的に覚えておきたい知識として、大気汚染防止法や水質汚濁防止法で、無過失責任が規定されていることを挙げておきます。公害を発生させた人は過失がなくても賠償責任を負わなければならないというルールですね。それから、PPPについても押さえておきたいところです。これは「汚染者負担の原則」といって、環境対策の費用は汚染の原因をもたらした人が負担するべきだ、という費用負担に関するルールです。これは1972年にOECD（経済協力開発機構）が提唱したものです。

②国際的な条約

国際的な条約は名称と内容をセットにして覚えることが重要です。ちなみに、日本はすべての条約に加盟しています。次に表にしてまとめておきましょう。

▶ 国際的な条約

ラムサール条約 （1971年採択）	水鳥の生息する湿地を保護する条約。日本も多数の湿地が登録されている（52か所）。
ワシントン条約 （1973年採択）	絶滅種の商業取引を規制するための条約。

ウィーン条約 （1985年採択）	オゾン層を破壊するフロンガスを規制する条約。日本はオゾン層保護法を国内的に制定した。1987年のモントリオール議定書や1989年のヘルシンキ宣言で特定フロンを全廃をすることになった。2016年には代替フロンをあらたに議定書の規制対象とする改正提案が採択された（キガリ改正）。
バーゼル条約 （1989年採択）	有害廃棄物の国境を越える移動とその処分を規制する条約。
国連気候変動枠組条約（1992年採択）	温室効果ガスの濃度を安定化するための条約。1997年に京都議定書が採択され（COP 3）、2005年に発効した。ただ、発展途上国は削減義務の対象外であったことが問題であった。2015年のCOP21でパリ協定が採択され、2016年に発効した。2020年以降の枠組みとして、初めてすべての国が参加することになった。世界の気温上昇を産業革命前から2度未満に抑えること、1.5度未満も視野に入れて取り組むことを目標としている。

③リサイクル法制

　まず、「家電リサイクル法」についてです。この法律は、一般家庭や事業所から排出された家電製品（❶エアコン、❷テレビ（ブラウン管、液晶・プラズマ）、❸冷蔵庫・冷凍庫、❹洗濯機・衣類乾燥機）から、有用な部分や材料をリサイクルし、資源の有効利用を推進するための法律です。家電4品目の中にPCが入っていない点と、家電4品目を廃棄する際、収集運搬料金とリサイクル料金を消費者が支払うという点がポイントです。

　次に、「包装容器リサイクル法」についてです。この法律の特徴は、容器包装廃棄物の処理を、消費者は分別して排出し、市町村が分別収集し、事業者は再商品化（リサイクル）するという、3者の役割を決めて一体となって容器包装廃棄物の削減に取り組むことを義務づけた点です。2020年7月からレジ袋の有料化が義務付けられました。

PLAY&TRY

1. 生存権は、精神、身体及び経済活動の自由とともに、国家権力による束縛や社会的身分から個人が自由に行動する権利を保障する自由権に含まれる。

   (東京都H28)

   1. ×
   生存権は社会権に含まれる。

2. 20世紀には、社会的・経済的弱者の生存や福祉の必要性が唱えられるようになり、プロイセン憲法において初めて社会権が保障された。一方、ラッサールは、社会権を保障する国家を夜警国家と呼び、国家が経済や市民生活に介入し過ぎているとして批判した。

   (国税専門官R2)

   2. ×
   世界で初めて社会権が保障されたのは、ワイマール憲法である。また、ラッサールは、自由主義に立脚し、国防や治安維持など最小限の役割しか果たしていない国家を夜警国家と評して皮肉った人物である。

3. 生存権は、20世紀に制定されたワイマール憲法で初めて規定され、ワイマール憲法では、経済的自由を制限することなく生存権の基本的な考え方を示した。

   (東京都H28)

   3. ×
   経済的自由を制限して（税金などを課して）生存権を保障するのが普通である。

4. 日本国憲法は、「すべて国民は、健康で文化的な最低限度の生活を営む権利を有する」と定め、生存権を保障しており、この権利は、ドイツのワイマール憲法において初めて規定された自由権的基本権である。

   (特別区H30)

   4. ×
   生存権は、社会権的基本権（社会権）である。

5. 日本国憲法は、「国は、すべての生活部面について、社会福祉、社会保障及び公衆衛生の向上及び増進に努めなければならない」と定めており、この規定に基づいて、老人福祉法、教育基本法が制定されている。

   (特別区H30)

   5. ×
   教育基本法は、教育を受ける権利を保障するための具体化立法である。

6. イギリスでは、第二次世界大戦後に発表されたベバリッジ報告により「ゆりかごから墓場まで」といわれる社会保障制度が確立した。 （オリジナル）

6. ×
ベバリッジ報告は第二次世界大戦中の1942年に発表された。

7. 介護保険の保険者は、都道府県であり、20歳から強制加入となる。 （オリジナル）

7. ×
保険者は市区町村である。また、40歳から強制加入となる。

8. 日本の年金制度は、保険料をそのときの年金受給者への支払いに充てる「賦課方式」を採用している。
（オリジナル）

8. ○
そのとおり。
なお、積立方式のよいところも取り入れている。

9. 労働者災害補償保険は、業務上の傷病などの場合に給付が行われる保険であり、通勤災害には適用されない。また、保険料は全額労働者が負担する。
（オリジナル）

9. ×
通勤災害にも適用される。また、保険料は全額事業主が負担する。

10. 日本国憲法は、勤労の権利をはじめ、勤労者の団結権、団体交渉権、団体行動権の労働三権を保障し、この規定に基づいて、労働基準法、労働組合法、労働関係調整法のいわゆる労働三法が制定されている。 （特別区H30）

10. ○
そのとおり。
労働三権と労働三法の説明として正しい。

11. 最高裁判所は、生活保護基準が生存権を保障する日本国憲法に違反しているかについて争われた堀木訴訟において、憲法の生存権の規定は、国の政策的な指針を示すものであり、個々の国民に対して具体的な権利を保障したものであるという立場をとった。
（特別区H30）

11. ×
「朝日訴訟」の誤り。また、個々の国民に対して具体的な権利を賦与したものではないとした。

12. 最高裁判所は、児童扶養手当と障害福祉年金の併給の禁止が日本国憲法に違反しているかについて争われた朝日訴訟において、併給の禁止を定めるかどうかは国会の裁量に属し、憲法違反とはならないとする抽象的権利説の立場をとった。 （特別区 H30）

12. ×
「堀木訴訟」の誤り。また、堀木訴訟が抽象的権利説をとったとの記述も誤り。

13. 日本では、高度経済成長に伴い公害問題が発生し、1967年に環境基本法が制定された。また同年には環境省も創設された。 （オリジナル）

13. ×
1967年に制定されたのは公害対策基本法である。また、1971年に環境庁が創設され、2001年の省庁再編時に環境省となった。

14. ワシントン条約は、水鳥の生息地である湿地を保護し、動植物の保全を促進することを目的とした条約である。 （オリジナル）

14. ×
ラムサール条約の誤り。

環境にやさしく。
レジ袋は
もらわないわ

10

重要度★　頻出度★

受益権（国務請求権）・参政権

受益権は国家に対して一定の作為を要求する権利です。参政権はその名の通り、
政治に参加する権利。マイナーなのですが、たまに試験に出てきます。

1. 受益権

受益権には、請願権、国家賠償請求権、裁判を受ける権利、刑事補償請求権の４つが
あります。

1 請願権

> **憲法16条**
> 何人も、損害の救済、公務員の罷免、法律、命令又は規則の制定、廃止又は改正その他の
> 事項に関し、平穏に請願する権利を有し、何人も、かかる請願をしたためにいかなる差
> 別待遇も受けない。

請願権は、参政権を補充する権利として明治憲法時代から保障されていました。請願
の主体には制限がなく、外国人でも法人でも未成年者でも誰でも
できます。また、請願の相手方もこれまた制限がなく、天皇や裁
判所に対する請願も可能です。請願事項も特に制限があるわけで
はないので、例えば、憲法改正についての請願も可ということに
なります。要するに、自己の利害と無関係な事項でもよいのです。ただ、請願を受けた
機関は、請願を受理し誠実に処理する義務を負うにとどまるため、請願の内容どおりの
処置をとるべき義務までは負いません。

実際は、国会や各議
院、地方自治体の機
関に対してなされる。

② 国家賠償請求権・裁判を受ける権利・刑事補償請求権

憲法17条（国家賠償請求権）

何人も、公務員の不法行為により、損害を受けたときは、法律
の定めるところにより、国又は公共団体に、その賠償を求め
ることができる。

国家賠償法のことだよ。

憲法32条（裁判を受ける権利）

何人も、裁判所において裁判を受ける権利を奪はれない。

憲法40条（刑事補償請求権）

何人も、抑留又は拘禁された後、無罪の裁判を受けたときは、法律の定めるところによ
り、国にその補償を求めることができる。

条文だけ確認しておきましょう。穴埋め問題として出題されることがあります。

2. 参政権

憲法15条（選挙権等）

1項　公務員を選定し、及びこれを罷免することは、国民固有の権利である。

2項　すべて公務員は、全体の奉仕者であつて、一部の奉仕者ではない。

3項　公務員の選挙については、成年者による普通選挙を保障する。

4項　すべて選挙における投票の秘密は、これを侵してはならない。選挙人は、その選
　　　択に関し公的にも私的にも責任を問はれない。

参政権は主に、選挙権と被選挙権（立候補の自由）、公務就
任権が含まれます。公務就任権は職業選択の自由で保障されて
いると考えることもできるのですが、参政権の一種と見る余地
もあります。

被選挙権も15条1項の
選挙権の条文で保障され
るというのが判例だよ。

　また、選挙権と国民投票権を混同する人がいますが、両者は異なりますので注意しま
しょう。一般的には、立法を行う際に、特別の定め（憲法96条1項の憲法改正の国民投
票など）がないにもかかわらず、法的拘束力を有する国民投票を実施することは許され
ないと考えられています。ただ、国民の意見を聞く趣旨で法的拘束力のない諮問的な国
民投票を実施することはできると解されています。

PLAY&TRY

1. 請願権を外国人が行使することはできない。

   （オリジナル）

   1. ×
   外国人も行使することができる。

2. 憲法改正を内容とする請願はできない。

   （オリジナル）

   2. ×
   内容には制限がないので、憲法改正を内容とする請願も可能。

3. 請願権は平穏に行わなければならない。

   （オリジナル）

   3. ○
   そのとおり。
   条文に明記されている。

4. 公務員を任命し、及びこれを罷免することは、国民固有の権利である。　（国税専門官 H27改題）

   4. ×
   「任命」ではなく、「選定」である。「選」挙権であることを意識しよう。

5. 公務員の選挙については、成年者による平等選挙を保障する。　（国税専門官 H27改題）

   5. ×
   「平等選挙」ではなく、「普通選挙」である。

6. 何人も、抑留又は拘禁された後、無罪の裁判を受けたときは、法律の定めるところにより、国にその賠償を求めることができる。　（国税専門官 H27改題）

   6. ×
   「賠償」ではなく、「補償」である。賠償は国家の行為が違法であるときに使う用語。補償は国家の行為が適法であるときに使う用語。憲法17条の国家賠償請求権の条文と比較しておこう。

女性の活躍はまったなし！ 国もようやく動き出した

　日本で女性参政権が認められたのは、1945年です。それから既に半世紀以上たっているのに、女性の国会議員の数は依然として少ないままです。以前から、人口は女性の方が多いというのに、こんな状態では女性の声が国会に届くわけがない、という点が指摘されてきたわけですね。そんな中、2018年にようやく「政治分野における男女共同参画推進法」が制定されました。この法律は、各政党に対して、候補者が男女同数になるよう努力義務を課す内容となっています。しかしそうはいっても努力義務止まり……。これに対して、フランスでは既に2000年に「パリテ法」という法律が制定され、運用されています。そして、この法律は各政党に男女同数の候補者を立てるように義務付けています。つまり、フランスはずっと前から男女同数を掲げていて、しかもこれを各政党に義務付けている点で、日本よりずっと先をいっているわけですね。このままでいいのでしょうか？

11

重要度★★　頻出度★

天皇

天皇に関する知識はたまに出題されます。頻出ではありませんので、
後回しでも構いませんが、試験前には必ず目を通しておきましょう。

1. 天皇の地位

　憲法1条は、「天皇は、日本国の象徴であり日本国民統合の象徴であつて、この地位
は、主権の存する日本国民の総意に基く」と規定しています。これは、天皇が象徴たる
地位を有することを明らかにしたものです。そして、皇位は、
世襲とされ、国会の議決した皇室典範の定めによって継承され
ることになっています。ここでは皇室典範が一般の法律と同じ
位置付けであるということを覚えておきましょう。そして、明
治憲法下とは異なり、天皇は国政に関する権能を有しないので、政治的な行為はできま
せん。できる行為は、国事行為として条文で列挙されています。

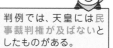

> 2017年に天皇の退位を
> 認める特例法が成立し、こ
> れにより一代限り退位が
> 認められることになった。

2. 国事行為

　天皇の国事行為には、内閣の助言と承認が必要とされ、その
責任は内閣が負います。ちなみに、天皇は、法律の定めるとこ
ろに従い、国事行為を委任することができます。ここでは国事
行為の種類を覚えておきましょう。試験で出題されるものは、次の通りです。

> 判例では、天皇には民
> 事裁判権が及ばないと
> したものがある。

▶ 天皇の国事行為

憲法6条

1項　天皇は、国会の指名に基いて、内閣総理大臣を任命する。

2項　天皇は、内閣の指名に基いて、最高裁判所の長たる裁判官を任命する。

　公布や任命・認証は天皇の国事行為のキーワードとなるので、ある程度択一で出題された際に判断できるようにしておきましょう。

3. 皇室の財産授受、皇室の費用

　皇室に財産を譲り渡し、又は皇室が、財産を譲り受け、若しくは賜与することは、国会の議決に基づかなければなりません。お金やモノのやり取りで皇室に近づく輩がいるとまずいからです。また、すべて皇室財産は、国に属します。そして、すべて皇室の費用は、予算に計上して国会の議決を経なければなりません。

PLAY&TRY

1. 明治憲法における天皇と同じく、現在の天皇は、国政に関する権能を有する。　　　　（オリジナル）

1. ×
国政に関する権能を有しない。

2. 皇室典範は、改正する際に国会の議決を要しないので、他の法律とは異なる独自の法形式である。
（オリジナル）

2. ×
改正には国会の議決が必要であり、ほかの法律と同じ扱いを受ける。

3. 天皇が一時的に国事行為を行うことができないときは、摂政を置かなければならないので、他の者に国事行為を委任することはできない。　（オリジナル）

3. ×
天皇が一時的に国事行為を行えないときは、国事行為の委任ができる。

4. 天皇にも民事裁判権が及ぶ。　　　（オリジナル）

4. ×
民事裁判権は及ばない。

5. すべて皇室の費用は、予算に計上して国会の議決を経る必要がある。　　　　　　　（オリジナル）

5. ○
そのとおり。
予算の議決によるコントロールを受ける。

6. 国務大臣を任命することは、天皇の国事行為である。　　　　　　　　　（特別区H25改題）

6. ×
任命は内閣総理大臣が行う。

7. 大赦及び特赦を決定することは、天皇の国事行為である。　　　　　　　（特別区H25改題）

7. ×
大赦及び特赦を認証することが天皇の国事行為である。決定は内閣が行う。

12

重要度★★★　頻出度★★★

国会

国会は統治機構の中でも特に出題頻度が高いので、必ず勉強しておく必要があります。
衆議院の優越はどんな聞かれ方をしても答えられるようにしておきましょう。

1. 憲法41条の解釈

憲法41条
国会は、国権の最高機関であつて、国の唯一の立法機関である。

1 「最高機関」とは？

　最高機関とは、政治的美称を意味します（政治的美称説）。こ
れは法的意味において国会が一番偉いと考えるのではなく、国民
に一番近い存在であることを美称したものにすぎません。

法的な意味で一番偉い
と考える見解は「統括
機関説」というよ。

2 「唯一」とは？

　唯一とは、２つの原則を意味します。①国会中心立法の原則と②国会単独立法の原則
です。

　まず、①国会中心立法の原則とは、国会だけが立法を行うこと
ができるという原則です。ただこれには例外として、最高裁判所
規則、議院規則があります。つまり、最高裁判所や議院は規則制
定権を持っているのです。

一方、明治憲法下で認め
られていた独立命令
や緊急勅令などは認め
られていないよ。

　次に、②国会単独立法の原則とは、立法過程に国会以外の機関を関与させてはいけな
いという原則です。ただ、これにも例外があり、具体的には憲法95条の地方自治特別法
を制定する際の住民投票、内閣法案提出権などがあります。

3 「立法」とは？

　立法とは、法形式（法の名称など）はどうでもよく、一定の内容を有する実質的意味

の立法を指します。そして、その一定の内容とは、一般的・抽象的な法規範を指します。ですから、特定人や特定の事項にしか使われない法は立法とはいえないということになります。

2. 二院制

> **憲法42条**
> 国会は、衆議院及び参議院の両議院でこれを構成する。

① 両議院の組織の異同

二院制を採用している以上、両議院には違いがあります。任期と選挙区がよく出題されるので、次の表を確認してください。

▶両議院の違い

	衆議院	参議院
任期	4年(解散の場合は任期満了前に終了) →解散は衆議院議員全員の資格を失わせる制度	6年(3年ごとに半数改選) →空白を防ぐための手段
議員定数	465人(289人は小選挙区、176人は比例代表区)	248人(148人は選挙区、100人は比例代表区)
議員資格	満25歳以上	満30歳以上
選挙区	小選挙区制と拘束名簿式比例代表制(全国を11ブロックに分ける)	各都道府県を単位とする選挙区選挙と非拘束名簿式比例代表制(全国を1区とする)

② 両議院の活動原則

両議院の活動は2つの原則にのっとって行われています。

①同時活動の原則

　両議院は、同時に召集され、同時に閉会します。開店と閉店の時間をあわせるわけです。したがって、衆議院が解散した場合には、参議院も同時に閉会します（憲法54条2項）。ただ、参議院の緊急集会はこの原則の例外であるとされます。

②独立活動の原則

　両議院はそれぞれ独立して審議を行い、議決を行います。二院制を採用している以上、これは当然ですね。ちなみに、両院協議会がこの原則の例外です。両院協議会とは、両議院の議決が異なった場合に両議院の代表が集まって折衝する場です。

🖪 衆議院の優越
①衆議院だけに認められている権限

> **憲法69条**
> 内閣は、衆議院で不信任の決議案を可決し、又は信任の決議案を否決したときは、10日以内に衆議院が解散されない限り、総辞職をしなければならない。

　衆議院は、参議院と異なり、法的意味を有する内閣不信任決議を出すことができます。「法的意味を有する」とは、衆議院が出した内閣不信任決議には、内閣に選択を迫る効果があるということです。つまり、内閣は10日以内に衆議院を解散するか、総辞職するかを選択しなければなりません。解散をした場合には、その後、総選挙→特別会という流れになります。

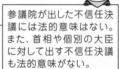

参議院が出した不信任決議には法的意味はない。また、首相や個別の大臣に対して出す不信任決議も法的意味がない。

▶ 法的意味を有する内閣不信任決議

また、衆議院には予算先議権がありますので、予算は衆議院で先に審議・議決することになります。

②議決について衆議院の優越が認められるもの

次に、衆議院と参議院の議決で折り合いがつかないなどのトラブルが起こったときの優越事項を見ていきます。法律案、予算、条約、内閣総理大臣の指名の４つにおいて優越が働きます。したがって、これ以外の議決、例えば憲法改正の発議などには優越は働きません。次にまとめておきますので、ここは必ず見てください。超頻出です。

①法律案の議決

Ⅰ：衆議院で可決し、参議院でこれと異なった議決をした場合→衆議院で出席議員の３分の２以上の多数で再び可決→法律となる。

※両院協議会は開いても開かなくてもよい（任意的）。

Ⅱ：参議院が、衆議院の可決した法律案を受け取った後、60日以内に議決しないとき→衆議院は、参議院がその法律案を否決したものとみなすことができる→衆議院で出席議員の３分の２以上の多数で再び可決→法律となる。

※ポイント：Ⅰ・Ⅱともに衆議院の再議決が必要なのが法律案の議決。

②予算の議決

Ⅰ：参議院で衆議院と異なった議決をした場合→両院協議会を開く（必要的）→それでも意見が一致しないとき→衆議院の議決がそのまま国会の議決となる。

Ⅱ：参議院が、衆議院の可決した予算を受け取った後、30日以内に議決しないとき→衆議院の議決がそのまま国会の議決となる。

③条約の承認

Ⅰ：参議院で衆議院と異なった議決をした場合→両院協議会を開く（必要的）→それでも意見が一致しないとき→衆議院の議決がそのまま国会の議決となる。

Ⅱ：参議院が、衆議院の承認した条約を受け取った後、30日以内に議決しないとき→衆議院の議決がそのまま国会の議決となる。

④内閣総理大臣の指名

  Ⅰ：衆議院と参議院とが異なった指名の議決をした場合→両院協議会を開く（必要的）→それでも意見が一致しないとき→衆議院の議決がそのまま国会の議決となる。

  Ⅱ：衆議院が指名の議決をした後、10日以内に参議院が指名の議決をしないとき→衆議院の議決がそのまま国会の議決となる。

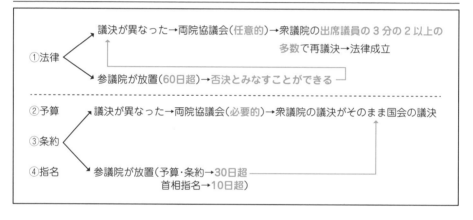

首相は国会議員の中から国会の指名で選ばれるんだ。

　基本的に①法律案の議決だけが再議決が必要です。ほかの②予算の議決、③条約の承認、④内閣総理大臣の指名は大体同じなのが分かっていただけたのではないでしょうか？　これを踏まえてもう少し簡単なチャートにしておきます。

▶ 衆議院の優越チャート

①法律　　議決が異なった→両院協議会（任意的）→衆議院の出席議員の3分の2以上の多数で再議決→法律成立

　　　　　参議院が放置（60日超）→否決とみなすことができる

②予算　　議決が異なった→両院協議会（必要的）→衆議院の議決がそのまま国会の議決
③条約

④指名　　参議院が放置（予算・条約→30日超
　　　　　　　　　　　　　首相指名→10日超）

3. 国会議員の地位と特権

　国会議員は「全国民の代表」です。ですから、国会議員は、自らの選挙区の選挙人（つまり選挙母体）の意思に法的に拘束されないので、自己の良心に従って自由に意見を表明し、

これを「自由委任の原則」というよ。

表決を行って構いません。そして、このような国会議員の地位にかんがみ、憲法では3つの特権を認めています。条文が出題されることがほとんどなので、条文を読んで意味を確認しておいてください。

憲法49条

両議院の議員は、法律の定めるところにより、国庫から相当額の歳費を受ける。

→「歳費受領権」があるということを定めている。歳費は法律で決まっているので、法律を改正して減額することは可能。

憲法50条

両議院の議員は、法律の定める場合を除いては、国会の会期中逮捕されず、会期前に逮捕された議員は、その議院の要求があれば、会期中これを釈放しなければならない。

→前段は「不逮捕特権」と呼ばれる。「法律の定める場合」(院外の現行犯罪と院の許諾がある場合)には逮捕されてしまう。後段は「議院の釈放要求権」を定めたもの。

憲法51条

両議院の議員は、議院で行つた演説、討論又は表決について、院外で責任を問はれない。

→「免責特権」を定めている。院外で法的な責任(民事責任や刑事責任、公務員の懲戒上の責任など)を問われないという意味なので、政党からの除名処分などの政治的責任は問われてしまう。

4. 会期制

　国会は会期に区切って運用されています（会期制）。メリハリをもって事に当たれるようにするためです。国会の会期には3つあり、具体的には、常会、臨時会、特別会があります。

1 常会

　常会は、毎年1回、1月中に召集することになっています。いわゆる通常国会と呼ばれているものですね。普通に予算の審議を行ったり、法案の審議を行ったりします。なお、会期は1回だけ延長することができます。

> 会期は150日だよ。

2 臨時会

　内閣は、国会の臨時会の召集を決定することができます。この臨時会は、常会が終わった後に必要があれば内閣が任意に召集する国会です。もっとも、いずれかの議院の総議員の4分の1以上の要求があれば、内閣は、その召集を決定しなければなりません。この場合は義務になるのです。なお、会期は2回まで延長することができます。

3 特別会

　解散総選挙後に召集するのが特別会になります。そこで内閣は総辞職し、新しい内閣総理大臣が指名されます。流れとしては、解散の日から40日以内に、衆議院議員の総選挙が行われるので、その選挙の日から30日以内に、召集されます。会期は2回まで延長することができます。ただ、このMAX70日の間に緊急事態が発生したときは、内閣は、参議院の緊急集会を求めることができます。この参議院の緊急集会で採られた措置は、あくまでも臨時のものなので、次の国会開会の後10日以内に、衆議院の同意がない場合には、その効力を失います（遡及はしない）。

5.　両議院の会議

　両議院は、各々その総議員の3分の1以上の出席があれば、議事を開き議決することができます。これを「定足数」といいます。要は最低出席人数ですね。そして、両議院の議事は、この憲法に特別の定めのある場合を除いては、出席議員の過半数でこれを決し、可否同数のときは、議長の決するところによるとされています。これが「表決数」です。問題は、この憲法に特別の定めのある場合です。たくさんあるのですが、試験で出題されるものだけをピックアップすると次のようになります。

▶ 特別の定め

【出席議員の3分の2以上】
①資格争訟裁判で議員の議席を失わせる場合、②懲罰で議員を除名する場合、③本会議で秘密会を開く場合、④衆議院において法律案の再議決をする場合

【出席議員の5分の1以上】
各議員の表決を会議録に記載する場合

【総議員の3分の2以上】
憲法改正の発議

　ここで、秘密会について解説しておきましょう。両議院の会議は、原則として公開なのですが、出席議員の3分の2以上の多数で議決したときは、秘密会を開くことができます。そして、両議院は、各々その会議の記録を保存し、秘密会の記録の中で特に秘密を要すると認められるもの以外は、これを公表し、且つ一般に頒布しなければなりませ

ん。ちなみに、秘密会が開かれたことは今までありませんね。

　なお、日本は委員会中心主義をとっていて、法律案はまず委員会で審議され、そこで可決された案件のみが本会議にかけられます。委員会には、常任委員会と特別委員会があります。特別委員会は各院において特に必要があると認めた案件等を審査するために随時置かれる委員会です。

衆議院、参議院それぞれに17の委員会があるよ。同数あるというのがポイントだ。

6. 自律権

　自律権とは、自分たちのことは自分たちで決めるという権利です。自律権は、各議院の組織に関するものと、運営に関するものとに分かれるのですが、教養試験ではこういった区別はあまり聞かれません。以下、関連する条文を列挙し、簡単な解説を加えるにとどめます。

1 資格争訟裁判

> **憲法55条**
> 両議院は、各々その議員の資格に関する争訟を裁判する。但し、議員の議席を失はせるには、出席議員の3分の2以上の多数による議決を必要とする。

　①被選挙権があること、②兼職が禁止されている職務に就いていないことの2つをチェックします。もしこれらに引っかかってしまうと、最終的には議席を失うことにもつながります。なお資格争訟裁判の結果については、司法裁判所では争えません。これを「司法権の限界」といいます。

裁判には、ほかにも、罷免の訴追を受けた裁判官を裁判する「弾劾裁判」がある。弾劾裁判所で行われるんだけど、これを設置する権限は国会が持っている。弾劾裁判の結果も「司法権の限界」となり、司法裁判所では争えないんだ。

2 規則制定権・議員懲罰権等

> **憲法58条**
> 1 項　両議院は、各々その議長その他の役員を選任する。
> 2 項　両議院は、各々その会議その他の手続及び内部の規律に関する規則を定め、又、院内の秩序をみだした議員を懲罰することができる。但し、議員を除名するには、出席議員の３分の２以上の多数による議決を必要とする。

　２項が大切で、前段が規則制定権です。後段は議員懲罰権を規定して、除名には出席議員の３分の２以上の多数による議決が必要です。また、懲罰に不服があっても、司法裁判所で争うことはできません。それゆえ、これも「司法権の限界」になります。

7. 国政調査権

1 国政調査権とは？

　議院の権能としてよく出題されるのが、国政調査権です。これは、両議院が各々国政に関する調査を行う権限をいいます。国政調査権を行使するときには、証人の出頭及び証言並びに記録の提出を要求することができます。国政調査権の法的性質は、議院の権能を全うする際に必要な調査ができるようにするため、補助的に与えられたものと解するのが通説です。これを「補助的権能説」といいます。ただ、実際は、広く国政全般にわたり必要な調査ができ、通常は議院の

> 反対説として、国権を統括する機関の役割を果たすために当然に認められた権能と解する見解もある。これを「独立権能説」と呼ぶよ。

付託や委任を受けて特別調査会又は常任委員会によって行われます。院外調査も可能です（つまり議員を派遣して行うこともできる）。

2 国政調査権の限界

　まず、証人の出頭、証言、記録の提出については、調査の実効性を確保すべく、これらに応じない者に対して刑罰を科すことができます。しかし、それ以上に捜索、押収、逮捕などをすることはできません。

> ただ、証言等を行うことで当該本人が処罰されるおそれがある場合には、拒絶できるよ。

　次に、司法権の独立を侵すような調査も認められません。具体的には、現に係属中の事件について、裁判官の訴訟指揮のあり方や裁判内容を対象とする調査はできません。もっとも、議院が裁判所の目的と異なる目的で事件を調査する並行調査は一般的に許さ

れると解されています。

　最後に、公務員の職務上の秘密や検察権との関係でも制約がかかります。国会は行政監督権を有するので、行政の行為は、適法性のみならず当不当性についても全面的に国政調査の対象となるのですが、公務員の職務上の秘密に関する事項には、調査権が当然には及びません。また、検察権は準司法的な性格があるので、国政調査自体はできるのですが、起訴不起訴に関する検察権の行使に政治的圧力を加えるような調査は許されません。

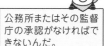

公務所またはその監督庁の承認がなければできないんだ。

PLAY&TRY

1. 国会は、国の唯一の立法機関であるが、最高裁判所は、裁判所の内部規律に関する事項について規則を定めることができる。　　　　　（東京都H27改題）

1. ○
そのとおり。
最高裁判所の規則制定権である。

2. 法律案について、参議院が、衆議院の可決した法律案を受け取った後、国会休会中の期間を除いて30日以内に議決しないときは、衆議院は、参議院がその法律案を可決したものとみなすことができる。　　　　　（東京都H30）

2. ×
「60日以内」の誤り。また、「否決」したものとみなすことができる。

3. 参議院が、衆議院の可決した法律案を受け取った後、国会休会中の期間を除いて60日以内に議決しないときは、直ちに衆議院の議決が国会の議決となる。

（特別区R1）

3. ×
参議院が否決したとみなすことができ、その場合には出席議員の3分の2以上の多数による再議決を経なければならない。

4. 法律案の議決について、両議院の議決が一致しないときは、両院協議会を開かなければならない。

（オリジナル）

4. ×
法律案の場合は、両院協議会の開催は任意である。

5. 予算について、参議院で衆議院と異なった議決をした場合に、衆議院で出席議員の3分の2以上の多数で可決したときは、衆議院の議決を国会の議決とする。

（東京都H30）

5. ×
再議決は法律案の議決の場合にしか行われない。

6. 参議院が、衆議院の可決した予算を受け取った後、国会休会中の期間を除いて30日以内に議決しないときは、衆議院は、参議院がその予算を否決したものとみなすことができる。

（特別区R1）

6. ×
「否決したものとみなすことができる」という制度があるのは、法律案の議決の場面だけである。

7. 法律案及び予算については、衆議院に先議権があるため、参議院より先に衆議院に提出しなければならない。

（特別区R1）

7. ×
予算にのみ衆議院の先議権がある。

8. 条約の締結に必要な国会の承認について、参議院で衆議院と異なった議決をした場合に、法律の定めるところにより、両議院の協議会を開いても意見が一致しないときは、衆議院の議決を国会の議決とする。

（東京都H30）

8. ○
そのとおり。
両院協議会の開催が義務である点には注意しよう。

9. 条約の締結に必要な国会の承認について、衆議院で可決し、参議院で衆議院と異なった議決をした場合に、衆議院で総議員の3分の2以上の多数で再び可決したときは、衆議院の議決が国会の議決となる。

（特別区R1）

9. ×
条約の承認には、再議決の制度はなく、法律案の議決のみ。また、法律案の議決で再議決があったとしても、出席議員の3分の2以上の多数となる。

10. 内閣総理大臣の指名について、衆議院と参議院とが異なった議決をした場合に、両院協議会を開いても意見が一致しないときは、衆議院の議決が国会の議決となる。

（特別区R1）

10. ○
そのとおり。
両院協議会の開催が義務である点には注意しよう。

11. 衆議院で内閣不信任の決議案を可決したときは、内閣は衆議院を解散しなければならず、また、衆議院で内閣信任の決議案を否決したときは、内閣は総辞職しなければならない。

（東京都H30）

11. ×
内閣不信任の決議案を可決したときも、内閣信任の決議案を否決したときも、ともに、内閣は解散するか、総辞職するかを選択できる。

12. 国会議員は、院外における現行犯罪の場合を除いては、会期中その議員が属する議院の許諾がなければ逮捕されることはない。また、国会の会期前に逮捕された国会議員は、その議員が属する議院の要求があれば、国会の会期中は釈放される。

（国税専門官H28）

12. ○
そのとおり。
不逮捕特権と議院の釈放要求権である。

13. 国会の会期前に逮捕された国会議員は、その議員が所属する議院の要求があれば、会期中は釈放しなければならない。

（国家一般職R2）

13. ○
そのとおり。
議院の釈放要求権である。

14. 国会議員は、議院で行った演説、討論又は表決について院外で責任を問われない。一方、政党がその党員である国会議員の発言や表決について責任を問い、除名等を行うことは可能である。

(国家一般職R2)

14. ○
そのとおり。
政党からの責任は政治責任であるため、法的責任を問われないとする免責特権の射程外である。

15. 国会議員は、議院で行った演説、討論又は表決について、院内で責任を問われない。 (東京都H27改題)

15. ✕
「院外」で責任を問われない。

16. 憲法が国会議員に免責特権を保障している趣旨に照らし、国会議員でない国務大臣や委員会に出席して答弁を行う国家公務員にも、法律により免責特権が認められている。 (国家一般職R2)

16. ✕
国務大臣や国家公務員には免責特権は認められていない。

17. 国会議員は、法律の定めるところにより国庫から相当額の歳費を受けるが、この歳費は在任中減額又は自主返納することができない。 (国家一般職R2)

17. ✕
法律で歳費は定まっているので、法律を改正すれば減額も可能であるし、自主返納も可能である。

18. 国会議員は、任期の満了、被選挙資格の喪失及び当選無効の判決が出た場合を除き、議員の資格を失うことはない。また、国会議員は、議院で行った演説、討論又は表決について、議院の内外を問わず、その責任を問われることはない。 (国税専門官H28)

18. ✕
国会議員は解散によって議員の資格を失うことがある（衆議院議員のみ）。また、免責特権は、「院外」で責任を問われないというものであって、院内における懲罰は免責されない。

19. 国会議員は、臨時会の召集の決定を要求することができる。そのためには、衆議院及び参議院それぞれ総議員の3分の2以上の議員が連名で、議長を経由して内閣に要求書を提出する必要がある。

(国税専門官H28)

19. ✕
いずれかの議院の総議員の4分の1以上の議員が連名する。

20. 臨時会とは、衆議院が解散され衆議院議員の総選挙が行われた後に召集される国会である。

(東京都H27改題)

20. ×
「特別会」の誤りである。

21. 参議院が緊急集会を求めた場合、そこで採られた措置について、次の国会で衆議院の同意を得られなくても、その効力は失われない。 (東京都H27改題)

21. ×
参議院の緊急集会を求められるのは内閣である。また、次の国会で衆議院の同意を得られないと、その効力は失われる。

22. 両議院の会議は、原則として公開とされるが、出席議員の3分の2以上の多数で議決した場合には秘密会を開催することができる。 (東京都H27改題)

22. ○
そのとおり。
秘密会の開催は特別多数の議決により可能である。

23. 国会の権能としては、憲法改正の発議権や弾劾裁判所の設置権、国政調査権などがある。 (オリジナル)

23. ×
国政調査権は「議院」の権能である。

24. 国政調査権は、司法権や検察権との関係で制限される場合がある。 (オリジナル)

24. ○
そのとおり。
国政調査権に関する説明として正しい。

13

選挙制度

ここでは、選挙制度を見ていきます。現在の選挙制度を中心に理解し、
記憶することで確実に点数につながります。

1. 選挙の基本原則

　民主主義をちゃんと機能させるためには、公正な選挙が確保されなければなりません。
そのための基本原則は5つあります。

▶ 選挙の基本原則

普通選挙(⇔制限選挙)	財産や納税額、身分、性別等に関係なく一定の年齢に達したすべての国民に選挙権を認める。年齢以外の制限を課さないという意味。日本では、1925年に満25歳以上の男子に普通選挙が実現し、1945年に満20歳以上の男女に普通選挙が拡大された。
平等選挙(⇔不平等選挙、等級選挙)	一人一票の数的平等のみならず、一票の価値の平等も保障する。衆議院で2度違憲判決(51年判決、60年判決)が出たことがある。最近のデータでいうと、衆議院では1.98倍、参議院では3.002倍の開きがあるが、共に合憲判決が下されている。
直接選挙(⇔間接選挙)	国民が直接、代表者を選挙する。国政選挙については明文規定はないが、地方選挙は憲法93条2項で明文規定がある。
秘密選挙(⇔公開選挙)	個々の国民が誰に投票したかを秘密にする(無記名投票)。
自由選挙(⇔強制選挙)	投票するかしないかは個々人の自由である。

なお、日本においては、不正な選挙運動に対して厳しいペナルティが科されます。たとえ候補者自身が何か悪いことをしていなくても、連座制が発動されるからです。連座制とは、選挙運動の総括主宰者など、当該候補者と一定の関係にある者が、買収などの選挙違反で有罪となった場合、当該候補者の当選が無効となり、同一選挙区から5年間立候補ができなくなってしまう、という制度です。ただ、これは裏を返せば、異なる選挙区からは自由に立候補できるということにはなってしまいます……。

2. 選挙制度の分類

選挙制度には、大きく、小選挙区制、大選挙区制、比例代表制の3つがあります。

1 小選挙区制

1つの選挙区から1人の当選者を出す方式です。当選の決め方は絶対多数制と相対多数制の2つがありますが、日本の場合は相対多数制を採用しています。大政党に有

> 絶対多数制は、過半数の得票がないと当選できない仕組み。相対多数制は、一票でも多く得票した人を当選させる仕組みだよ。

利で二大政党制を促進したり、政局が安定したりする点でメリットがあります。また、1つの選挙区が小さいので選挙費用があまりかからないといわれます。しかし反面、死票が多くなってしまう点や、多様な民意を反映しにくい点などがデメリットとなります。

2 大選挙区制

1つの選挙区から複数の当選者を出す方式です。完全連記制や制限連記制、単記投票制などがありますが、日本の場合は単記投票制ですね。特に日本の場合は、1993年まで衆議院選挙で3〜5名が当選する仕組みを採用し

> 完全連記制は選出される定数と同数の候補者名を記入する方式。制限連記制は、定数に至らない複数の候補者名を記入する方式。単記投票制は、一人の候補者名だけを記入する方式だよ。

てきたのですが、これを「中選挙区制」と呼びます。中選挙区制は大選挙区制の単記投票制のカテゴリーに入ることを覚えておきましょう。大選挙区制のメリットは、少数政党からも当選者が出やすい点や、比較的民意を反映しやすい点、複数当選者が出る関係で、死票が比較的少なくなる点などが挙げられます。一方、デメリットは、選挙区が大きくなるので費用がかさむ点や、同士討ちの危険がある点、小党分立となり政局が不安定となる危険がある点などを挙げることができます。

❸ 比例代表制

　比例代表制は、各政党が獲得した得票数に応じて議席を配分する方式です。日本の場合は、候補者が列挙されている名簿を各政党が選挙管理委員会に届け出る名簿式を採用しています。名簿の種類は２種類あって、拘束名簿と、非拘束名簿とがあります。イメージは次のような感じです。

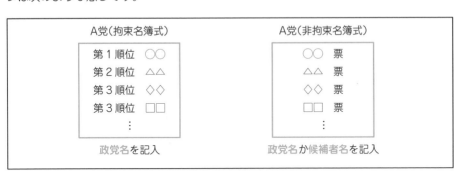

　衆議院選挙では「拘束名簿」が使われていて、有権者は政党名を書いて投票します（候補者名は書けない）。一方、参議院選挙では「非拘束名簿」が使われているので、有権者は政党名か候補者名かを書いて投票します。そして、拘束名簿式にせよ、非拘束名簿式にせよ、政党が獲得した総得票数をドント式に当てはめて当該政党からの当選者数を確定させます。ドント式は、政党の総得票数を整数（１→２→３……）で割り、その商の大きい順に当選者を決定する方式です。このように議席を比例配分していきますので、最大のメリットは死票が最も少なくなる点にあります。多様な民意をすくい出すのに適している

候補者名を書いたのであれば、候補者に一票入るだけでなく、政党にも一票入るんだ。

ドント式は衆議院（拘束名簿式）でも参議院（非拘束名簿式）でも使われている。ただ、これに対しては、大政党に有利になる、という批判が寄せられているよ。

方式といえるのです。しかし、これは反面、小党分立による政局不安定を招きやすくなるというデメリットも有しています。これは大選挙区制と同じであり、連立政権になりやすいというわけですね。

3. 我が国の選挙制度のまとめ

　上記のように、選挙制度には各々メリット・デメリットがあります。そこで、我が国の選挙制度はこれらのハイブリッドとなっています。試験に頻出なのでしっかりと暗記するようにしてくださいね。

▶ **我が国の現在の選挙制度**

衆議院（定数465人）	参議院（定数248人）
小選挙区比例代表並立制 小選挙区（289人） 比例区（176人） →全国を11ブロックに分けた拘束名簿式 　比例代表制	都道府県単位の選挙区（148人） 比例区（100人） →全国を1つの選挙区とした非拘束名簿 　式比例代表制 ※「特定枠」あり

　いずれも、比例代表制で選ばれる議員の方が少ないのがポイントです。衆議院では1994年から小選挙区比例代表並立制が導入され、参議院では2001年の選挙から非拘束名簿式比例代表制が導入されています。ちなみに、参議院選挙は3年に1度、定数の半数が改選される関係で、総選挙ではありません。それゆえ「通常選挙」と呼ばれます。

　参議院選挙の都道府県単位の選挙区は、基本的に大選挙区に近いのですが、一人区や合区があるので、純粋な意味での大選挙区ではないとされています。

> 一人区とは、一人だけしか当選者が出ない選挙区のことだよ。一方、合区とは、2つの選挙区をあわせて、そこから一人だけ当選者を出す選挙区だ。合区は全国で2か所ある。① 鳥取県と島根県、② 徳島県と高知県だ。

4. 選挙制度の話題

①重複立候補

　衆議院議員の候補者は小選挙区選挙と比例代表選挙の両方に立候補できます。これを「重複立候補」といいます。これにより、小選挙区選挙で落選しても、名簿順位が高ければ比例代表選挙で復活当選することができます。ただ、小選挙区選挙で有効投票数の10分の1以上を獲得できなかった候補者は復活当選することができません。なお、重複立候補者については、

> 供託金没収点というよ。獲得した票が有効投票数の10分の1未満になっちゃうと、預けた供託金が返ってこないんだ。そういう人は復活当選できないということだ。

拘束名簿順位を同順位にすることができるのですが、その者同士の優劣（例えば、第2順位が3人いるような場合）は、小選挙区選挙での惜敗率（当選者の得票数に対する落選者の得票数の比率）を基にして決します。惜しい負け方をした人を優先するという仕組みです。

②期日前投票制度

期日前投票は、投票日に用事があるため投票に行けない場合に、公示日・告示日の翌日から投票日前日までの間に、通常通り指定場所に出向いて投票することができる仕組みです。最高裁判所裁判官の国民審査についても期日前投票が認められています。

③不在者投票制度

投票日に仕事や旅行など一定の予定のある人が選挙人名簿登録地「以外」の市区町村選挙管理委員会等で、投票日の前に投票をすることができる仕組みのことをいいます。また、重度の障害者などに向けた郵便による投票制度も、不在者投票に含まれます。なお、期日前投票と同じく、最高裁判所裁判官の国民審査についても不在者投票が認められています。

④在外選挙制度

海外に住んでいる日本人が日本の国政選挙に投票できるようにする制度です。3か月以上海外に住んでいる日本人が対象となっていて、2006年までは、衆議院・参議院選挙

> なお、地方選挙では投票できない。地方自治体の議員や長は、そこの住民によって選ばれるべきなので当然だよね。

の比例代表選挙のみ投票が認められていました。しかし、在外日本人選挙権剥奪違憲訴訟（最大判平17・9・14）で違憲判決が出たので、2007年から比例代表選挙のみならず選挙区選挙（小選挙区や都道府県単位の選挙区）まで投票可能となりました。

⑤ネット選挙運動解禁

2013年の公職選挙法改正で、国政選挙・地方選挙において、候補者・政党は、ウェブサイト等及び電子メールを利用した選挙運動が可能となりました。一方、一般有権者は、ウェブサイト等を利用した選挙運動が可能となっただけで、電子メールを利用し

> インターネットで投票ができるようになったわけではないので注意ね。

た選挙運動は引き続き禁止されているので注意しましょう。あと、選挙運動期間以前の事前運動や戸別訪問は禁止されたままです。

⑥成年被後見人の選挙権・被選挙権

2013年の公職選挙法改正により、成年被後見人の選挙権・被選挙権が認められるようになりました。

⑦ 18歳選挙権

　2015年の公職選挙法改正によって、2016年7月の参議院選挙から選挙権年齢が18歳以上に引き下げられ、これに伴い、選挙運動も解禁されました。

被選挙権の年齢は引き下げられていないよ。

⑧ 共通投票所制度

　2016年の公職選挙法改正により、通常の投票所のほかに、駅前や大型商業施設など、だれでも投票可能な共通の投票所を設置できる共通投票所の設置が認められるようになりました。

⑨ 特定枠制度（参議院選挙）

　2018年の公職選挙法改正によって参議院選挙に導入された制度です。非拘束名簿とは切り離して、政党が当選させたい人を順番に並べた名簿を作り、特定枠の候補が各党の獲得した議席の枠の中で優先的に当選する仕組みです。2019年の参議院選挙では実際に特定枠制度を使って当選した議員が登場しました。今後、どんな使われ方がされるのか注目ですね。

個人の得票数に関係なく当選するんだ。特定枠の候補は選挙運動は禁止されている。非拘束名簿式でなくなったわけではないので注意しよう。

重複して当選しちゃったらどうしよう…

PLAY&TRY

1. 小選挙区制は、有権者が候補者を理解しやすく、二大政党制を維持するのに適するとされているが、死票が多く、大政党に有利であり、多額の選挙費用が必要とされている。　　　　　　　　　　（東京都H30）

   1. ×
   多額の選挙費用が必要なのは大選挙区制の特徴である。

2. 比例代表制は、有権者の多様な意見を議会に反映させることができるが、大選挙区制と異なる特徴として、小党分立により、政局が不安定になりやすいという点が挙げられる。　　　　　　　　　（東京都H30）

   2. ×
   小党分立により、政局が不安定になりやすいという点は、大選挙区制と同じである。

3. 日本の衆議院議員の選挙は、小選挙区比例代表並立制が採用されており、候補者は、小選挙区と比例代表の両方に重複して立候補することができ、小選挙区で落選しても比例代表で当選する場合がある。
　　　　　　　　　　　　　　　　　　　（東京都H30）

   3. ○
   そのとおり。
   いわゆる復活当選である。

4. 衆議院議員選挙では小選挙区比例代表並立制が採用されている。小選挙区選挙と比例代表選挙の重複立候補者は、小選挙区選挙で落選しても比例代表選挙で復活当選することが可能であるが、惜敗率が50％を下回った場合には、復活当選は認められない。
　　　　　　　　　　　　　　　　　（裁判所職員H29）

   4. ×
   供託金没収点を下回ると復活当選できない。具体的には、有効投票数の10分の1以上を獲得できなかった候補者は復活当選することができない。

5. 衆議院議員総選挙は、4年ごとに実施され、小選挙区選挙と拘束名簿式比例代表制による。選挙区間の議員1人当たり有権者数に格差があると一票の価値が不平等になるという問題があり、近年の選挙においては、参議院よりも衆議院で一票の最大格差が大きくなっている。　　　　　　　　（国家一般職H28）

   5. ×
   必ずしも4年ごとに実施されるわけではない。解散されると4年たたずに総選挙が実施されることになる。また、一票の格差は衆議院の方が小さい。

6. 日本の参議院議員の選挙は、各都道府県を単位とする選挙区選挙と、全国を1選挙区とする拘束名簿式比例代表制をとっており、比例代表の選出において、有権者は政党又は候補者のいずれかに投票することができる。 　　　　　　　　　　　　　　　　（東京都H30）

6. ×
「非拘束名簿式比例代表制」の誤り。

7. 参議院議員通常選挙は、3年ごとに実施され、議員の半数が改選される。参議院の選挙制度は、選挙区選挙と非拘束名簿式比例代表制となっており、選挙区選出議員の定数の方が比例代表選出議員の定数よりも多い。 　　　　　　　　　　　（国家一般職H28）

7. ○
そのとおり。
選挙区選出議員の定数の方が比例代表選出議員の定数よりも多い。比例代表選挙はあくまでもサブ選挙の扱いなのである。

8. 期日前投票制度とは、選挙期間中に名簿登録地以外の市区町村に滞在していて投票できない人が、定められた投票所以外の場所や郵便などで、選挙期日前に投票することができる制度である。選挙期日に仕事や旅行などの用務がある場合や、仕事や留学などで海外に住んでいる場合などに利用することができる。 　　　　　　　　　　　（国家一般職H28）

8. ×
期日前投票制度ではなく不在者投票制度の説明。また、郵便による不在者投票は、重度の障害者などが対象。さらに、仕事や留学などで海外に住んでいる場合などに利用することができるのは、在外投票制度である。

9. 日本の公職選挙法による連座制では、選挙運動の総括主宰者など、当該候補者と一定の関係にある者が、買収などの選挙違反で有罪となった場合、当該候補者は当選が無効となるほか、全ての選挙区から10年間、立候補ができなくなる。 　　　　（東京都H30）

9. ×
当該立候補をした同一の選挙区から5年間立候補できなくなるだけである。

10. 従来、国政選挙の選挙権を有する者を衆・参両議院議員選挙は20歳以上、被選挙権を有する者を衆議院議員選挙は25歳以上、参議院議員選挙は30歳以上としていた。平成25年の公職選挙法の改正により、衆・参両議院議員選挙において、選挙権を有する者を18歳以上、被選挙権を有する者を25歳以上とすることが定められた。 (国家一般職H28)

10. ×
被選挙権を有する者の年齢は改められていない。また、この改正があったのは、平成25年ではなく、平成27年である。

11. 2016年から選挙権年齢が満18歳以上に引き下げられ、未成年者も公職選挙で投票することができるようになった。しかし、特定の候補者への投票の勧誘などの選挙運動を行うことは認められていない。 (裁判所職員H29)

11. ×
選挙運動も満18歳になればできる。

12. 平成25年の改正公職選挙法によって、成年被後見人に選挙権が認められるようになったが、依然として被選挙権は認められていない。 (国家一般職H26改題)

12. ×
被選挙権も認められた。

13. 公職選挙法では、選挙運動期間以前の事前運動や戸別訪問を禁止するなど、選挙運動の制限が規定されている。平成25年の同法の改正により、電子メールによる選挙運動用文書図画の送信については、候補者や政党に加えて、一般有権者にも認められるようになった。 (国家一般職H28)

13. ×
電子メールによる選挙運動用文書図画の送信については、候補者や政党のみが認められている。

14

重要度★★　頻出度★★

内閣

国会からの出題がないときは、大体内閣か後述する裁判所からの出題が多くなります。
覚えるべき点はそこまで多くないテーマなので、攻略は簡単です。

1. 憲法65条の解釈

憲法65条
行政権は、内閣に属する。

　行政権とは、国家作用から立法作用と司法作用を除いたものと解するのが通説です（控除説）。内閣は、この行政権の行使について、国会に対し連帯して責任を負います。議院内閣制だからですね。この場合の「責任」は政治的責任を意味します。

　日本は、行政を1府22省庁制で運用してきたのですが、1998年に中央省庁等改革基本法、1999年に中央省庁改革関連法を作って、2001年1月から現在の1府12省庁制にしました。しかし、このような府省には実際、内閣から一定の独立性をもって業務を遂行する庁や行政委員会が存在しています。特に行政委員会は独立性が高く、準立法権や準司法権を持っています。次に簡単に各府省に置かれている庁と行政委員会を示しておきます。自分の中で腑に落ちない部分だけは見ておくとよいでしょう。また、現在は、各省庁の事業部門を切り離して独立行政法人が設置されています。行政執行法人、中期目標管理法人、国立研究開発法人の3つがありますが、このうち、行政執行法人で働く職員は国家公務員としての身分を持っています。国立公文書館（内閣府所管）や統計センター（総務省所管）、造幣局や国立印刷局（ともに財務省所管）などの、7独法がこれに該当します。

この2つをあわせて「外局」と呼ぶよ。

次の表に載っていない行政委員会として、人事院があるよ。これは国家公務員法を根拠として内閣の所轄の下に置かれている。「人事院勧告」で有名だよね。国家公務員法は一般職の公務員に適用され、争議権の禁止や政治的行為の禁止などが定められている。

▶ 国家行政組織法上の省の委員会及び庁

省	委員会	庁
総務省	公害等調整委員会	消防庁
法務省	公安審査委員会	出入国在留管理庁 公安調査庁
外務省		
財務省		国税庁
文部科学省		スポーツ庁 文化庁
厚生労働省	中央労働委員会	
農林水産省		林野庁 水産庁
経済産業省		資源エネルギー庁 特許庁 中小企業庁
国土交通省	運輸安全委員会	観光庁 気象庁 海上保安庁
環境省	原子力規制委員会	
防衛省		防衛装備庁

▶ **内閣府設置法第64条における内閣府に置かれる委員会及び庁**

公正取引委員会	私的独占の禁止及び公正取引の確保に関する法律
国家公安委員会	警察法
個人情報保護委員会	個人情報の保護に関する法律
カジノ管理委員会	特定複合観光施設区域整備法
金融庁	金融庁設置法
消費者庁	消費者庁及び消費者委員会設置法

2. 内閣の構成

　内閣は、法律の定めるところにより、その首長たる内閣総理大臣とその他の国務大臣で組織されています。総理大臣が首長となっていますが、これは戦前の内閣総理大臣が「同輩中の首席」と呼ばれていたのに比べて、力を持つようになったことを意味します。

　内閣総理大臣（首相）は、国会が議決をして指名し、天皇が任命することになっています。そして、内閣総理大臣は国務大臣を任命します（国務大臣の認証は天皇が行う）。国務大臣の任命は内閣総理大臣の専権なので、閣議決定は不要です（天皇の認証は必要）。閣議決定を経ることなく、好きな人を選べば足りるというわけです。ただ、最低限のルールはあります。それは国務大臣の過半数は国会議員でなければならないという縛りです。また、内閣総理大臣その他の国務大臣は、全員が文民でなければなりません。職業軍人が首相や大臣では困るからですね。これを「シビリアンコントロール」といいます。「文民統制」という意味です。

> この指名は、他のすべての案件に先だって、これを行うよ。

> 国務大臣を罷免するときも閣議決定は不要だよ。ちなみに、閣議の運営は慣例によって決まっているんだ。試験的には、① 非公開である点と議決方式が ② 全会一致である点を覚えておこう。

>
> 行政事務を分担管理しない「無任所大臣」を置くことも可能だよ。

　なお、国務大臣は、その在任中、内閣総理大臣の同意がなければ、訴追されません。もっとも、訴追の権利は、害されないことになっていますので、在任中は公訴時効が止まります。

3. 内閣総理大臣の権能

内閣総理大臣は、内閣を代表して議案を国会に提出し、一般国務及び外交関係について国会に報告し、並びに行政各部を指揮監督します。「代表して」というのは、閣議決定を経て、という意味です。加えて、指揮監督まではいかなくても、内閣の明示の意思に反しない限り、行政各部に対し、随時、その所掌事務について一定の方向で処理するよう指導、助言等の指示を与える権限を有します。これを「指導助言の指示権限」といいます。なお、この指導助言の指示権限を行使する際には、閣議決定を経なくても構いません。

法律案も含まれるよ。

ほかにも、内閣総理大臣は連署権限を持っています。つまり、法律及び政令には、すべて主任の国務大臣の署名と、内閣総理大臣の連署が必要とされています。これは一筆書かせることで制定・執行責任を明らかにする趣旨です。また、内閣総理大臣その他の国務大臣は、両議院の一に議席を有すると有しないとにかかわらず、いつでも議案について発言するため議院に出席することができます。また、答弁や説明のため出席を求められたときは、出席しなければなりません。これは出席する権利がある反面、出席する義務もあるということですね。

4. 内閣の権能

内閣総理大臣の権能は上で見ましたが、内閣の権能もいろいろあります。すべてを覚える必要はありませんが、一般行政事務のほか次のような事務を行います。軽く目を通しておいてください。

▶ 内閣の権能

①法律を誠実に執行し、国務を総理すること。
②外交関係を処理すること。
③条約を締結すること（ただし、事前に、時宜によっては事後に、国会の承認を経ることを必要とする）。
④法律の定める基準に従い、官吏に関する事務を掌理すること。
⑤予算を作成して国会に提出すること。

⑥この憲法及び法律の規定を実施するために、政令を制定すること(ただし、政令には、特にその法律の委任がある場合を除いては、罰則を設けることができない)。

⑦大赦、特赦、減刑、刑の執行の免除及び復権を決定すること。

5. 衆議院の解散

　解散とは、衆議院議員の地位を奪い、選挙をやり直すことで、ちゃんとした民意を議席に反映させる制度です。解散権の所在は内閣にあると考えるのが普通です。解散の場面は2つあるので、試験的にはそれをしっかりと覚えておけば大丈夫です。

▶ 解散のパターン

①衆議院で不信任の決議案を可決し、又は信任の決議案を否決した場合に解散する(69条解散)。

　→内閣は10日以内に解散か総辞職かを選べる。

②内閣の助言と承認によって、天皇の国事行為の条文を使って解散する(7条3号解散)。

　なお、①②ともに、解散されると、解散の日から40日以内に衆議院議員総選挙を行い、その選挙の日から30日以内に特別会が召集されます。そこで内閣は総辞職し、新しい内閣総理大臣が指名・任命されるということです。これは以前に勉強しましたね。

6. 内閣総辞職とは?

　まず、内閣は任意にいつでも総辞職できます。しかし、以下の事由が生じたときには、総辞職しなければなりません。総辞職が義務的になるということです(義務的総辞職)。

①衆議院で不信任の決議案を可決し、又は信任の決議案を否決した場合で、10日以内に衆議院を解散しなかったとき。

②内閣総理大臣が欠けたとき(死亡や辞任など)。

③衆議院議員総選挙後に初めて国会が召集されたとき。

　→解散総選挙の場合は特別会、任期満了総選挙の場合は臨時会で総辞職。

なお、内閣が総辞職すると、その内閣は総辞職後内閣となって一応存続します。つまり、あらたに内閣総理大臣が任命されるまで引き続きその職務を行うことになっています。これは行政の空白を防止するためだと説明されています。

7. 行政改革

　戦後、日本は行政改革を何度も行ってきました。試験で出題されるものだけをさらっと解説したいと思います。まずは1960年代前半の池田勇人内閣の時に置かれた第一次臨時行政調査会（第一臨調）です。これは高度経済成長下の日本において行政の無駄を排除するために置かれたのですが、その答申はあまり実現されませんでした。次に1980年代に置かれた第二次臨時行政調査会（第二臨調）です。これは中曽根康弘内閣時の三公社民営化が有名です。日本電信電話公社がNTTに、日本国有鉄道がJRに、日本専売公社がJTに民営化されました。ほかにも、1990年代後半の行政改革会議（橋本行革）や2000年代の小泉構造改革などさまざまなものがありますが、試験的にはこれくらいでいいでしょう。

8. 行政統制

　行政が暴走しないように歯止めをかけようということで、これまでさまざまな法律が作られてきました。その先駆けとなったのが、1993年に公布され、1994年に施行された「行政手続法」です。これは行政運営の公正と透明性を図ろうと、処分、行政指導、届出、命令等制定手続について、プロセスを明確にする法律です。次に、1999年に公布され、2001年に施行された「情報公開法」があります。この法律は、「何人」（外国に住んでいる外国人でも可能）も、

> 命令等を作るときには、事前に意見公募手続（パブリック・コメント）を実施しましょう、というもので、2005年の法改正で明文化されたんだ。当初は明文がなかったので注意しよう。

行政機関の保有している一般的な情報を開示してくれと請求できることを規定した法律です。知る権利の具体化といわれているのですが、実はこの法律には政府の国民に対する説明責任こそ明確化されていますが、「知る権利」という文言は明記されていません。開示の対象となる行政機関には、国家行政組織法上の機関のほか、会計検査院も含まれています。さらに、2003年に公布され、2005年に施行された「行政機関個人情報保護法」も忘れてはなりません。こちらはプライバシー権を念頭に置いた法律

> 「プライバシー権」という言葉は法律の中には出てこないよ。

で、行政が保有している自己の情報を開示してもらうための法律です。

　ほかにも、行政統制の手段として、オンブズマン制度があります。これはスウェーデン発祥の制度で、議会や行政から委託された外部の民間人が行政をチェックする制度です。市民の苦情を受け付けて、行政活動を調査・公表し、行政機関に対して是正勧告をすることもできます。日本では川崎市の条例で初めて導入されて以来、各地に広がっていったのですが、残念ながら国には法律がありません。ですから、国レベルでは整備されていないということになります。

代理人を意味するスウェーデン語だよ。護民官なんていわれることもあるね。

PLAY&TRY

1. 中央省庁等改革基本法の制定に伴い、中央省庁は、それまでの1府12省庁から1府22省庁に再編された。これにより多様化する行政課題に対して、きめ細かい対応ができるようになったが、さらに2010年代には、スポーツ庁や防衛装備庁も設置されている。

（国家一般職H30）

1. ×
1府22省庁制から1府12省庁制へと再編された。スポーツ庁や防衛装備庁は2015年に設置されたので、この点は正しい。

2. 行政の民主的運営や適正かつ能率的運営を目的として、準立法的機能や準司法的機能は与えられていないものの、国の行政機関から独立した行政委員会が国家行政組織法に基づき設置されている。この行政委員会の例としては、公害等調整委員会や選挙管理委員会などがある。

（国家一般職H30）

2. ×
準立法的機能や準司法的機能が与えられている。また、選挙管理委員会は地方公共団体に置かれる行政委員会であって、国に置かれる行政委員会ではない。

3. 効率性や透明性の向上を目的として、各府省から一定の事務や事業を分離した独立行政法人が設立されている。具体的には、国立大学、国立印刷局、日本放送協会や造幣局などがあるが、これらの組織で働く職員は国家公務員としての身分を有していない。

（国家一般職 H30）

3. ×
日本放送協会は放送法に基づいて設立された特殊法人である。また、国立印刷局や造幣局などの行政執行法人の職員は国家公務員としての身分を有する。

4. 内閣は、内閣総理大臣及びその他の国務大臣で組織する。議院内閣制の下、内閣総理大臣その他の国務大臣は、国会議員でなければならず、また、国務大臣の過半数は、文民の中から選ばれなければならない。

（国税専門官 H29）

4. ×
国務大臣は過半数が国会議員であればよい。また、国務大臣は全員文民でなければならない。

5. 内閣総理大臣は、各国務大臣の「同輩中の首席」としての地位を与えられているため、国務を総理するなどの強い権限が与えられている。

（国税専門官 H22改題）

5. ×
「首長」としての地位が与えられている。また、国務の総理は「内閣」の権限である。

6. 内閣総理大臣が国務大臣を任命する際には、閣議決定が不要であるが、罷免する際には、閣議決定が必要である。

（警視庁 H24改題）

6. ×
罷免する際にも閣議決定は不要である。

7. 内閣総理大臣は、国会の議決で指名され、この指名は他の全ての案件に先立って行われる。衆議院と参議院とが異なった指名の議決をした場合に、3日以内に参議院が再指名の議決をしないときは、衆議院の議決が国会の議決とされる。

（国税専門官 H29）

7. ×
両院協議会を開き、意見が一致しないときは衆議院の議決が国会の議決とされる。

8. 内閣は、行政権の行使について、国会に対し連帯して責任を負う。内閣は、衆議院で内閣総理大臣又はその他の国務大臣に対する不信任決議案が可決されたときは、30日以内に衆議院が解散されない限り、総辞職をしなければならない。　　　（国税専門官H29）

9. 内閣を構成する内閣総理大臣又はその他の国務大臣は、それぞれが内閣を代表して所管する法律案を国会に提出することができ、また、行政を行うために、法律の範囲内で、それぞれが政令を定めることができる。　　　（国税専門官H29）

10. 内閣は、衆議院で内閣不信任決議が可決されたときは、総辞職か、衆議院の解散かのいずれかを選択しなければならない。また、不信任決議案の可決を前提にしない、憲法第7条による衆議院の解散も行われている。　　　（国税専門官H29）

11. 衆議院又は参議院で内閣に対する不信任決議が可決されたときは、10日以内に衆議院が解散されない限り、総辞職しなければならない。　　　（国税専門官H22改題）

12. 閣議は、日本国憲法において、多数決により内閣の意思を決定できる旨明記されている。　　　（国税専門官H22改題）

13. 閣議は、憲法に規定はないものの、議決方式として全会一致によることが慣例となっている。　　　（警視庁H24改題）

8. ×
総辞職しなければならないのは、衆議院で内閣に対する不信任の決議案を可決し、又は信任の決議案を否決した場合で、10日以内に衆議院を解散しなかったときである。

9. ×
内閣を代表して法律案を国会に提出するのは、内閣総理大臣である。また、政令を定めるのは内閣である。

10. ○
そのとおり。
解散には69条解散と7条3号解散の2つがある。

11. ×
「参議院」で内閣に対する不信任決議が可決されたときは、このようなことにはならない。

12. ×
慣例上、全会一致で行うことになっている。日本国憲法には明記されていない。

13. ○
そのとおり。
内閣法で閣議に関する規定はあるが、運用は「慣例」で行われている点がポイント。

115

14. 内閣総理大臣その他の国務大臣は、議席を有しない議院に出席することができない。

（警視庁 H24改題）

14. ×
議席を有しない議院にも出席することができる。

15. 情報公開法が1990年代前半に制定され、それまで不明瞭と指摘されてきた行政指導や許認可事務について、行政運営の公正の確保と透明性の向上が図られた。その後、1990年代後半には行政手続法が制定され、政府の国民に対する説明責任が明確化された。

（国家一般職 H30）

15. ×
情報公開法と行政手続法の記述が逆である。まず行政手続法が1993年に公布され、1994年に施行された。次に情報公開法が1999年に公布され、2001年に施行された。

16. オンブズマン制度は、行政機関に従属する立場にある専門官が、住民からの苦情を受け付け、行政の立場から調査・公表する制度であり、ノルウェーで初めて導入された。

（警視庁 H25改題）

16. ×
行政機関に従属する立場にある専門官ではない。外部の民間人が議会や行政から委託されて調査・公表する。また、スウェーデンが発祥である。

COLUMN

日本の天皇家とイギリスの王室との関係について

　日本とイギリスはそれぞれ、天皇家と王室がある点で似ています。イギリスの国王は「王は君臨すれども統治せず」といわれています。一方、日本の天皇も象徴とされていて、国政には関与できません。この辺りもどこか似ています。昔から仲が良いことでも知られている両者ですが、実は歴史的には日本の天皇家の方がだいぶ古いのです。イギリスの王室が1000年程度なのに対して、日本の天皇家は神武天皇のころからとされていますので、紀元前から続いているということになります。そして、日本の天皇は英語表記でエンペラー（Emperor）とされている唯一の例です。なかなか難しいところではありますが、もしかしたら、私たちが見る天皇像と世界が見る天皇像との間には大分イメージの違いがあるのかもしれませんね。そんな私は天智天皇のファンです。なぜかって？　それは内緒です。

15

重要度 ★★★　頻出度 ★★

戦後の内閣総理大臣史

あらゆる試験種で戦後の政治史が出題されます。ただ、ここは内閣総理大臣ごとに
まとめていくのが定石です。キーワードを覚えるようにしましょう。

1. 1940年代後半〜55年体制確立（1945〜1955年）

①吉田茂（第一次）内閣

日本国憲法の公布・施行が有名です。

②片山哲内閣

戦後初めての社会党内閣（社会党、民主党、国民協同党の連立内閣）です。しかし、
社会党の内部分裂で総辞職しました。

③芦田均内閣

汚職事件である昭和電工事件で総辞職しました。

④吉田茂（第二次以降）内閣

サンフランシスコ平和条約と同時に日米安全保障
条約（旧安保条約）を締結しました。そして、IMF
（国際通貨基金）に14条国として加盟しました。

経済的に未熟なので、為替取引について政府が統制することが許されている国のことだよ。これが禁止されている国は8条国というよ。8条国というのは先進国の仲間入りを意味するよね。

2. 55年体制確立〜高度経済成長期（1955〜1973年）

①鳩山一郎内閣

鳩山一郎は55年体制の人というイメージが強いので、詳しく解説します。まず、社会
党内部（左派と右派）の対立が収まり、1955年10月に社会党が再統一されました（日
本社会党）。次に、これに呼応する形で1955年11月に保守陣営である、自由党と日本民
主党が合同し、自由民主党（自民党）が結成されました（保守合同）。これにより55年

体制が確立したわけです。形の上では二大政党制のように見えますが、実際は社会党が自民党の2分の1の議席しか取れなかったことから、1と2分の1政党制などと揶揄されることがありました。

　また、1956年には懸案のソ連との国交を回復するために、日ソ共同宣言を結び、その直後に国際連合加盟を実現させました。

ロシアとの間では平和条約はいまだに結ばれていないので注意しよう。

②岸信介内閣

　岸信介は新日米安全保障条約（新安保条約）への改定を実現した人物です。しかし、安保闘争が起こってしまい、やむなく総辞職しました。

③池田勇人内閣

　「所得倍増計画」を閣議決定し、10年間で国民の所得を倍増させることを約束しました。実際、1967年に達成されたので、有言実行の人といえます。また、国民皆年金・皆保険制度を整えたり、東京五輪のために尽力したりした人でもあります。1964年にはIMF8条国に移行するとともに、OECD（経済開発協力機構）にも加盟することができました。日本は先進国の仲間入りを果たしたわけです。

④佐藤栄作内閣

　外交で頑張った人というイメージが強いです。まず1965年に日韓基本条約を結び、韓国との関係を正常化します。その後1968年には小笠原返還、1972年には沖縄返還が実現しました。この沖縄返還は、当時アメリカとの間で問題となっていた繊維摩擦問題を解消することが条件となっていました。そこで、日米繊維協定を結び、自主規制に乗り出しました。

⑤田中角栄内閣

　地方活性化のために尽力した人物です。日本列島改造論を唱え、工業の地方分散や地方都市の整備などを進め、地方を元気にしようと考えました。中国との関係でも日中共同声明に署名し、国交正常化を実現しています。ただ、1973年に第四次中東戦争による第一次石油危機（第一次オイルショック）が発生し、高度経済成長がストップしてしまいました。翌1974年は戦後初めてのマイナス成長（－1.3%）となってしまったのです。

3. 高度経済成長終焉後〜55年体制崩壊（1974〜1993年）

①福田赳夫内閣

　日中平和友好条約を結んだ人です。これは田中角栄内閣時代の日中共同声明と区別しておきましょう。いわゆる平和友好条約というゴールを決めたのはこの人です。アメリカとの関係では日米防衛協力のための指針（ガイドライン）を結びました。また、東南アジア外交として福田ドクトリンを出しました。

②中曽根康弘内閣

　戦後政治の総決算の人です。「増税なき財政再建」を掲げ、三公社の民営化を実現し、日本電信電話公社をNTTに、日本専売公社をJTに、日本国有鉄道をJRにしました。ただ、アメリカの協調介入であるプラザ合意で日本は円高に誘導されてしまいます。これにより輸出が滞り「円高不況」を招きました。また、防衛費の国民総生産比1％枠突破などを推し進めた人でもあります。そういった意味では小さな政府を目指してはいたものの、決して緊縮財政を敷いたわけではありません。

③竹下登内閣

　大型間接税である消費税を導入しました。最初は3％からでした。これまでの歴代内閣ができなかったことを行ったので、ある意味カリスマです。

④宮澤喜一内閣

　55年体制における自民党黄金時代のラストエンペラー的存在です。PKO協力法を作ってカンボジアに自衛隊を派遣しましたが、政治改革はうまく進まず、衆議院で内閣不信任決議が可決されてしまいます。総選挙で自民党政権が終わりを告げます。

4. 55年体制の崩壊以降（1993年〜）

①細川護熙内閣

　55年体制を崩壊させた人です。先の総選挙で非自民の8党派（7党1会派）連立内閣を発足させました。政治改革関連法を作り、衆議院で今までの中選挙区制にかえて、現在の小選挙区比例代表並立制を導入しました。また、政治資金規正法を改正したり、政党助成法を作って政党交付金を支出したりしました。政党交付金は、直近の国勢調査の

人口×250円の総額を原資として、各政党に配る助成金です。

②村山富市内閣

戦後2人目の社会党内閣を率いた人です。構成は自民党・社会党、新党さきがけの連立内閣でした。この人の時代は困難が多発しました。1995年には阪神・淡路大震災や地下鉄サリン事件などが立て続けに起こりました。

③橋本龍太郎内閣

日本版金融ビッグバンの人です。金融システム改革を進めました。また、消費税を5%に引き上げました。

④小泉純一郎内閣

聖域なき構造改革の人です。日朝平壌宣言への署名や自衛隊のイラク派遣、郵政民営化法の成立などが主な業績です。また、国と地方の関係を見直す一環として、「三位一体改革」を推進しました。これは、国庫補助負担金の削減・廃止、地方交付税の削減、税源移譲を一体として行う、というものでした。簡単に言うと、国税から地方税へ税源を移譲するので、国から出す補助金は減らしますよ、という改革です。ただ、税源移譲がうまく進まず中途半端に終わったという評価がありますね。

⑤鳩山由紀夫内閣

いわゆる民主党政権の人です。政権交代を実現させ、民主党、社民党、国民新党の連立政権を運営しました。

⑥安倍晋三内閣

民主党から政権を取り戻し、アベノミクスを行いました。憲政史上最長の在任となりました。

PLAY&TRY

1. 1947年、初の社会党連立政権である片山内閣が誕生し、サンフランシスコ平和条約を結んだ。

   (特別区 H20改題)

   1. ×
   サンフランシスコ平和条約を結んだのは吉田茂内閣である。

2. 鳩山一郎内閣は、日中国交正常化を実現させた。

   (東京都 H23改題)

   2. ×
   田中角栄内閣の誤り。

3. 1955年、左右に分裂していた日本社会党が統一され、また、自由党と日本民主党が合同して自由民主党が結成された。これにて二大政党制ができあがったが、実際は日本社会党が国会で占める議席が伸びず、「1と2分の1政党制」と呼ばれた。

   (特別区 H20改題)

   3. ○
   そのとおり。
   流れをしっかりと覚えておこう。

4. 岸内閣は、国鉄の分割民営化や防衛費の国民総生産比1％枠突破などを推し進めた。 (特別区 H20)

   4. ×
   中曽根康弘内閣の記述になっている。

5. 岸信介内閣は、ソ連との国交を回復した。

   (東京都 H23改題)

   5. ×
   鳩山一郎内閣の誤り。

6. 佐藤栄作内閣は、自動車や牛肉・オレンジ等の農産物をめぐる日米貿易摩擦を解消するために日米構造協議を繰り返した。 (オリジナル)

   6. ×
   日米繊維交渉の誤り。自動車や牛肉・オレンジ等の農産物をめぐる日米構造協議は1989年の話である。

7. 福田赳夫内閣は、1972年に日中共同声明を締結し、中国との国交を正常化した。

   (オリジナル)

   7. ×
   田中角栄内閣の誤り。

8. 佐藤栄作内閣は、財政再建と福祉の充実を唱えて、国民皆年金・皆保険を実現し、大型間接税を導入した。

(オリジナル)

9. 我が国の戦後の外交に関する出来事を年代順に並べると、サンフランシスコ平和条約調印→国際連合加盟→日ソ共同宣言調印→日中平和友好条約調印となる。

(東京都H27改題)

10. 1993年、政治改革問題をめぐる党内対立を背景に自由民主党が分裂し、衆議院で竹下登内閣に対する不信任案が可決された。

(特別区H20改題)

11. 1993年、総選挙の結果、非自民7党1会派による村山富市内閣が誕生した。

(特別区H20改題)

12. 小泉純一郎内閣は、日朝平壌宣言への署名を行った。

(東京都H23改題)

8. ×
国民皆年金・皆保険の実現は、池田勇人内閣である。また、大型間接税を導入したのは竹下登内閣である。

9. ×
サンフランシスコ平和条約調印→日ソ共同宣言調印→国際連合加盟→日中平和友好条約調印となる。

10. ×
宮澤喜一内閣の誤り。

11. ×
細川護熙内閣の誤り。

12. ○
そのとおり。
ただ、これは国交を正常化するものではないので注意しよう。

16

重要度 ★★　頻出度 ★★

条約

ここでは、国際法のうち、条約についてスポットを当てます。憲法上の規定が
どうなっているのか、いろいろな条約の種類を覚えていくことがポイントです。

1. 条約の枠組み

　条約は、国際法の一種です。国際法は、ドイツ三十年
戦争をきっかけに、オランダの法学者グロティウスに
よって、その必要性が説かれました。彼は国際的な枠組
みがないとすぐ戦争状態になってしまい、世界が無法地
帯化することを恐れました。『戦争と平和の法』と『海洋自由論』の著書が有名です。

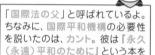

「国際法の父」と呼ばれているよ。
ちなみに、国際平和機構の必要性
を説いたのは、カント。彼は『永久
（永遠）平和のために』という本を
書いているよ。区別しておこう。

　国際法は、形式面の違いがしばしば試験では出題されます。大きく条約と国際慣習法
とに分類できます。条約が特別国際法（特別法）で国際慣習法が一般国際法（一般法）
です。

1 条約

　条約とは、国家間において書面の形式で締結されるものをいい、名称はさまざまあり
ます。憲章や規約、議定書、協定などもこれに当たります。条約の特徴は、締約国のみ
を拘束するという点にあります。基本的には各国の批准を経ることが発効の要件となる
のですが、例外的に調印のみで発効する簡易協定もあります。国内法による成文化が一
般的ではありますが、これはマストではないので注意しましょう。

　日本国憲法では、条約の締結権は内閣にあります。た
だ、事前または事後に国会の承認を経なければなりませ
ん。その関係で、事後承認が得られなかった条約の国際
法的効力はどうなってしまうのかという難しい論点もあ
ります。

無条件に無効と考えてしまうと相
手国を害してしまうので、国会承
認が条約の発効要件になっている
ということが相手国に示されてい
るとき（公知の事実となっていると
き）に限り、無効とするという見解
が有力だね（条件付無効説）。

② 国際慣習法

　国家間の一般慣行の蓄積みたいなもので、長期にわたる国際慣行がそのまま法として認められるようになったという感じです。不文であるにもかかわらず**すべての国がこれに拘束**されます。国際慣習法が定着してくると、その後、条約化されることもあります。

③ 主権が及ぶ範囲

　領土・領海・領空については、国家の主権が及びます。**領海**とは基線から**12海里**までを指します。**領土＋領海の上空**が領空です。領土と領空は沿岸国の許可なく勝手に通行したり、飛行したりはできませんが、領海については、**無害通航権**が認められているので、外国の船舶でも沿岸国の**同意なく**通行することができます。ほかにも、**大陸棚**については、**大陸棚条約**によって、地下資源について沿岸国に**主権的な権利**が認められます。これか

ちなみに、基線から**200海里**までを**排他的経済水域**といい、沿岸国に漁業や資源開発につき**主権的な権利**が認められるよ。**国連海洋法条約**では、海洋を領海、排他的経済水域、公海に分けているよ。

一方、公海はみんなの共有財産と扱われるので、あらゆる国家に解放されているよ。これを「**公海自由の原則**」という。

らさらなる開発が進むであろう宇宙には、**宇宙条約**が適用されます。具体的には、月その他の天体を含む宇宙空間は、**すべての国**が国際法に従って自由に探査・利用することができます。

2. 人権に関する条約

① 世界人権宣言と国際人権規約

　第二次世界大戦中にファシズムが横行し、人権侵害が多発したため、戦後に人権は国内の問題から世界的な問題になりました。これを人権の国際化といいます。このような流れの中で、**1948年**の第3回国連総会で「**世界人権宣言**」が採択されました。これは自由権だけでなく、**参政権**や**社会権**なども規定する理想的な宣言だったのですが、いかんせん**法的拘束力がなかった**ため、実効性がありませんでした。これではいかん、ということで、**1966年**の第21回国連総会で「**国際人権規約**」が採択されるに至りました。これは条約なので**法的拘束力があります**。1976年に発効し、日本も1979年に批准しました。しかし、日本のスタンスは一様ではなく、**留保付きの批准**や**未批准**のものもあります。試験では頻出なので、次にまとめてみましょう。

A規約（経済的、社会的及び文化的権利に関する国際規約）

⇒日本は「公休日の報酬の保障」「公務員の争議権の保障」の２点につき留保

　　A規約に関する選択議定書　個人による規約人権委員会への救済申し立て

　　⇒未批准

　B規約（市民的及び政治的権利に関する国際規約）

⇒批准

　　B規約に関する選択議定書

　　⇒未批准

　①第一選択議定書　個人による規約人権委員会への救済申立て

　②第二選択議定書　死刑廃止義務

２ その他の人権に関する条約

　人権に関する条約はたくさんありますが、試験で出題されたことがあるものだけをご紹介いたします。ポイントは、日本が批准しているか否か、国内法は何かをちゃんと押さえることです。一読してみてください。

①ジェノサイド条約（未批准）

　集団殺害罪の防止及び処罰に関する条約です。

②難民の地位に関する条約（難民条約）（批准）

　難民とは「人種、宗教、国籍もしくは特定の社会的集団の構成員であることまたは政治的意見を理由に迫害を受けるおそれがあるという十分に理由のある恐怖を有するために、国籍国の外にいる者であって、その国籍国の保護を受けられない者またはそのような恐怖を有するためにその国籍国の保護を受けることを望まない者」と定義されています。したがって、国内避難民や経済難民、環境難民は難民に含まれません。日本は難民認定が極端に少ない国として有名です。

> 国内避難民は、国境を越えないで自国内で生活している人々のこと。経済難民は、経済的な理由から他国への移住を希望する者をいうよ。

③女子差別撤廃条約（批准）

　男女の完全な平等の達成に貢献することを目的として、女子に対するあらゆる差別を撤廃することを基本理念としています。日本は1985年に批准し、これに伴い男女雇用機

会均等法を国内法として整備しました。

④児童(子ども)の権利条約(批准)

児童は「18歳未満のすべての者」と定義されています。子どもたちが飢えや貧困等の困難な状況に置かれている状況に照らして、児童の人権の尊重、保護の促進を目指しています。

⑤人種差別撤廃条約(批准)

人権と平等を確保するため、あらゆる形態の人種差別を撤廃する政策を遅滞なくとることなどを主な内容としています。

⑥障害者権利条約(批准)

障害者の人権や基本的自由の享有を確保するための措置等を規定しています。国内法としては、障害者基本法の改正、障害者総合支援法の制定、障害者差別解消法の制定、障害者雇用促進法の改正がなされました。

PLAY&TRY

1. 国際法を最初に体系的に論じたのは、『戦争と平和の法』を著し、国際法の父といわれるカントである。
（国家一般職 H26改題）

1. ×
「カント」ではなく、「グロティウス」である。

2. 国際法の父であるホッブズは、国際社会にも守らなければならない国際法があるとした。
（警視庁 H28改題）

2. ×
「ホッブズ」ではなく、「グロティウス」である。

3. オランダのグロティウスは、「国際法の父」と呼ばれており、「海洋自由の原則」を説いた。
（東京都 H29）

3. ○
そのとおり。
国際平和機構の設立を唱えたカントと区別しよう。

4. 国際法とは、国家間の合意が文書により明示された法規範のことをいうが、条約は国家間の契約の一種であり、国際法としての性質は有しない。

（東京都 H29）

4. ×
条約は、国家間の合意が文書により明示された法規範であり、国際法の一種である。

5. 国際法は、明文化された条約のことをさすため、大多数の国家の一般慣行である国際慣習法は国際法としての法源とはなり得ない。　　（警視庁 H28改題）

5. ×
国際慣習法も国際法としての法源になる。

6. 1966年に採択された宇宙条約では、月その他の天体を含む宇宙空間は、全ての国が国際法に従って自由に探査・利用できるとされている。

（国家一般職 H26改題）

6. ○
そのとおり。
宇宙空間はどの国にも開かれている。

7. 領海とは、基線から３海里以内をいい、領海内では沿岸国の同意を得ない外国船舶の航行は禁止される。　　　　　　　　　　　（国家一般職 H26改題）

7. ×
12海里の誤り。また、無害通航権が認められているので、沿岸国の同意は不要である。

8. 領海とは、海洋法に関する国際連合条約（国連海洋法条約）において、低潮時の海岸線などの基線から12海里であり、国によらず一定とされる。また、領空とは、領土及び領海の上空であり、大気の存在しない宇宙空間も含むものとされる。

（国税専門官 H30）

8. ×
12海里以内のところで沿岸国が設定するので一定ではない。また、宇宙空間は領空には含まれない。

9. 大陸棚では、いかなる部分においても主権を主張したり、主権的権利を行使したりしてはならない。

（国家一般職 H26改題）

9. ×
地下資源について沿岸国は主権的権利を行使することができる。

10. 世界人権宣言は、第二次世界大戦中に採択された。

（特別区 H24改題）

10. ×
第二次世界大戦後の1948年に採択された。

11. 世界人権宣言では、自由権や参政権について尊重することを宣言したが、社会権については触れなかった。

（特別区 H24改題）

12. 国際人権規約は、世界人権宣言を具体化したものであり、法的拘束力を持つ条約である。

（特別区 H24改題）

13. 日本は、国際人権規約について、全ての事項について、留保することなく批准している。

（特別区 H24改題）

14. 難民の地位に関する条約において、難民とは、人種、宗教、政治的意見などを理由に迫害を受けたために、他国に逃れた人々とされる。また、自国内で避難を余儀なくされている国内避難民は、通常、経済難民と呼ばれ、その数は2013年以降減少傾向にある。

（国税専門官 H30）

11. ×
社会権についても規定を設けて触れている。

12. ○
そのとおり。
世界人権宣言を具体化したものであるという点も覚えておこう。

13. ×
Ａ規約は2点留保している。また、Ａ規約の選択議定書及びＢ規約の選択議定書については未批准である。

14. ×
経済難民は、経済的理由により他国への移住を希望する者をいう。国内避難民とは異なる。

国際人権規約（A規約）の留保事項を撤回？

　日本は、「経済的、社会的及び文化的権利に関する国際規約」（A規約）の批准書を寄託した際に、中・高等教育への無償教育の漸進的な導入の規定を留保し、その状態が長らく続いてきてしまいました。国際世論にも押されて、ようやく日本政府がこれを撤回することを国連に通告したのが、2012年のことです。これにより、日本は、2012年9月11日から、高校や大学の無償化に向けて歩みを進めることになりました。近時は、高等教育の無償化の流れが加速度的に進み、住民税非課税世帯とそれに準ずる世帯の学生を対象に大学、短大、高等専門学校、専門学校における学びの支援が拡充されるに至っています。具体的には、授業料や入学金が免除または減額されたり、給付型奨学金の対象者・支給額が拡充されたりしていますよね。国際的にも、持続可能な開発目標（SDGs）4つ目の目標に「質の高い教育をみんなに」が掲げられていて、世界中で質の高い高等教育の機会を提供することが課題となっています。

17

重要度★★★　頻出度★★★

裁判所

裁判所のパートは試験では頻出です。
憲法の学習だけでは対処できない問題も出てくるので、しっかりと覚えましょう。

1. 司法権とは？

> **憲法76条**
> 1項　すべて司法権は、最高裁判所及び法律の定めるところにより設置する下級裁判所に属する。
> 2項　特別裁判所は、これを設置することができない。行政機関は、終審として裁判を行ふことができない。
> 3項　すべて裁判官は、その良心に従ひ独立してその職権を行ひ、この憲法及び法律にのみ拘束される。

1 憲法76条の意味

　まず、裁判所は憲法上、最高裁判所と下級裁判所とに分けられています。そして、裁判所法2条で、下級裁判所は、高等裁判所、地方裁判所、家庭裁判所及び簡易裁判所とする、と定められています。つまり、憲法の中にはこのような下級裁判所の個別名称は出てきません。

　次に、特別裁判所とは、昔の軍法会議や皇室裁判所、行政裁判所などが該当し、通常の系列から独立した裁判所をいいます。現在の憲法では、弾劾裁判所が唯一の例外として置かれているだけで、それ以外はありません。ですから、家庭裁判所は特別裁判所ではありません。行政機関が終審として裁判を行うこともできません。しかし、これは裏を返せば前審としてならば許されるということでもあります。

> 憲法64条で国会に設置権が与えられている。

> 海難審判や行政不服審査などがあるね。

　さらに、裁判官は良心に従うことになっていますが、この良心は客観的良心、いわば職業倫理に従うことを意味しています。

🔢 審級制度について

　日本では三審制が採られていることは周知の事実ですが、これは実は憲法上の要請ではありません。法律で決められているだけです（立法政策の問題）。だから三審制を採らなくても違憲となることはありません。また、一審から二審に不服を申し立てることを「控訴」といい、二審から三審に不服を申し立てることを「上告」といいます。あわせて「上訴」といいますので、覚えておきましょう。控訴や上告を受けた裁判所は、下級審でなされた裁判の当否を審査する権限を有します。そして、当該事件に関する限り、上級審の裁判所の判断が下級審の裁判所の判断を拘束します。一般的な指揮監督権を持つわけではないので注意しましょう。審級については次のようになりますので、ざっと見ておくとよいと思います。

▶ **審級制度のイメージ**

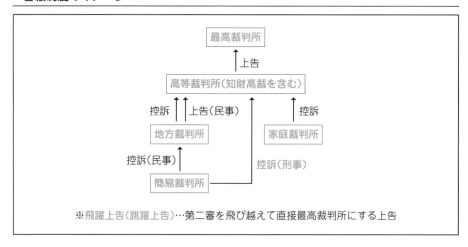

　「簡裁民事だけが例外的」と覚えておくことをおススメします。簡易裁判所でスタートした民事事件は控訴審が地方裁判所で、上告審が高等裁判所になるからです。基本的には最高裁判所が上告審を担当するので、例外的なのです。ちなみに、それぞれの裁判所が有する権限をまとめてみると次のようになります。ちょっと細かすぎるきらいがあるので、簡単に見てスルーしても構いません。

最高裁判所	最高裁判所の裁判では各裁判官はその意見を裁判書に表示するため、少数意見も外部に発表される。 最高裁判所は、訴訟に関する手続、弁護士、裁判所の内部規律及び司法事務処理に関する事項について、規則を定める権限を有する（最高裁判所規則制定権）。また、最高裁判所は、下級裁判所に関する規則を定める権限を、下級裁判所に委任することができる。
下級裁判所	**簡易裁判所** 〈民事〉訴訟の目的の価額が140万円を超えない請求に 　　　　係る訴訟等の第一審 〈刑事〉罰金以下の刑に当たる罪等に係る訴訟の第一審 **地方裁判所** 〈民事〉訴訟の目的の価額が140万円を超える請求に係る訴訟の第一審 〈刑事〉罰金以下の刑に当たる罪以外の罪に係る訴訟の第一審 〈民事〉簡易裁判所の判決に対する控訴 **家庭裁判所** ● 家事事件手続法で定める家庭に関する事件の審判及び調停 ● 人事訴訟法で定める人事訴訟の第一審の裁判 ● 少年法で定める少年の保護事件の審判 **高等裁判所** ● 地方裁判所の第一審判決、家庭裁判所の判決及び簡易裁判所の刑事に関する判決に対する控訴 ● 民事の地方裁判所の第二審判決に対する上告 ● 内乱罪等に係る訴訟の第一審

MAX140万円まで請求できるということだね。

裁判もやるので注意しよう。意外と穴になるよ。

3 刑事事件と民事事件

　司法権の範囲は、刑事事件、民事事件、行政事件に分かれますが、現在はこのすべてを司法裁判所が担当しています。昔のように、行政事件だけ独立しているのではありません。刑事事件と民事事件はよく比較されるので、覚えておく必要があります。

▶ 刑事事件

- 検察官が起訴（正式には「公訴提起」という）をして始まる。
- 検察官は起訴権を独占し（起訴独占主義）、公訴提起をするか否かは検察官の自由（起訴便宜主義）。ただ不当な不起訴処分がなされると検察審査会の審査の対象となることがある。
- 起訴は起訴状の提出のみで行い、証拠を付けたり、予断を抱かせるようなことを書いたりしてはいけない（起訴状一本主義）。
- 審理は公判手続で行う（ただし、争点整理のため、公判前整理手続が採られることもある）。犯罪被害者は、公判期日に意見を陳述できたり、各種通知を受けたり、傍聴への配慮がなされたりと、犯罪被害者保護制度で一定程度守られている。
- 検察官が挙証責任を負い、犯罪事実について、合理的疑いを差し挟む余地のない程度に証明しなければならない。これは「無罪推定の原則」があるからである。

▶ 民事事件

- 原告が被告を訴えることで民事裁判が始まる（訴えなければ裁判なし）。
- 訴えを提起すること、審判対象を選択すること、訴訟を終了させること、の3つの場面で、原告は自由に処分権を持つ（処分権主義）。
- 訴状には証拠を記載する。
- 審理は口頭弁論で行う（証拠整理のために、事前に争点整理手続が採られることもある）。
- 事実の存否によって利益を受ける当事者が立証責任を負う。

> 裁判所は事実の存否が確認できない場合にも、裁判を拒否することができない。それゆえ、真偽不明のときは立証責任を負っている方がその事実を認めてもらえないという不利益を被る。

　なお、刑事事件、民事事件問わず、証拠の証明力（証拠力）の判断は裁判官の自由な心証によってなされます。これを「自由心証主義」といいます。

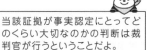

> 当該証拠が事実認定にとってどのくらい大切なのかの判断は裁判官が行うということだよ。

4 司法権とは？

　司法権とは、具体的な争訟に法を適用し、宣言することでこれを解決する国家作用です。司法権の対象は、裁判所法3条1項に「法律上の争訟」か「その他法律において特に定める権限」と規定されています。ここにいう「法律上の争訟」とは、①当事者間の具体的な権利義務の存否に関する紛争であって、かつ②法律を適用することで終局的に

134

解決することができるもの、です。簡単に言うと、法律的に解決可能な事件が起こっていないと司法権は発動できませんよ、ということです。判例では、この①②のどちらかが欠けるがゆえに、「法律上の争訟」に当たらないとされたものがあります。次にまとめておきますので、一読ください。

法律上の争訟に当たらなければ、裁判所に訴えても訴訟要件を満たさないので、却下されてしまう（門前払い）。つまり、取り扱ってすらもらえない。

▶ 法律上の争訟

（1）①の要件を充足しない場合（そもそも事件が起こっていない）
- **警察予備隊事件**：警察予備隊が違憲である旨を主張して、いきなり最高裁判所の門をたたいた事件。具体的な争訟も起こっていないのに、一般的に法令等の有効無効の判断をすることはできない。

（2）①②の要件を充足しない場合（法律的な解決ができない）
- **技術士国家試験訴訟**：ある人が「私が不合格なのはおかしい」として訴えを提起した。

（3）①の要件はあるが、②の要件を充足しない場合（法律的な解決ができない）
- **板まんだら事件**：板まんだらが御仏の魂が入っていない偽物だったため、寄付をした金を返せ、という訴えを提起した。宗教上の教義や信仰対象の価値に関わるものは法律で解決できない。
- **日蓮正宗管長事件**：宗教法人の代表役員の地位があるかが問題となった。その際、血脈を相承したちゃんとした法主か否かが争点となった。そうなるとやはり法律では解決できない。

　たとえ、「法律上の争訟」に当たるとされた場合であっても、事柄の性質上裁判所が司法審査を避けることがあります。これを「司法権の限界」といいます。判例はたくさんありますが、ここでは結論だけまとめておきます。意味は分かるようにしておいた方がいいと思います。

▶ 司法権の限界

（1）憲法の明文上及ばないとされるもの
- **資格争訟裁判**と**弾劾裁判**には司法審査が及ばない（裁判の結果に不服があっても司法裁判所では争えない）。

（2）自律権

● 法改正の場面における議事手続には司法審査が及ばない（警察法改正無効事件）。

● 議員懲罰についても司法審査が及ばない。

（3）自由裁量

● 明らかに裁量の逸脱・濫用と見ざるを得ないような場合を除き、
司法審査が及ばない（堀木訴訟）。

（4）統治行為（高度に政治性を有する行為）

政治性が強すぎると、裁判所では扱えない。民主的ルートで何とかすべきだからだ。

● 解散（抜き打ち解散）の有効無効の判断には、一切司法審査は及ばない（苫米地事件）。

● 条約（安保条約）については、一見極めて明白に違憲無効の場合以外は司法審査が及ばない（砂川事件）。

（5）部分社会の法理（内部的問題）

内輪もめには、大事でない限り、裁判所は口をださない。

● 地方議会の出席停止や除名処分には及ぶ。

● 大学の単位認定授与行為には司法審査は及ばないが、専攻科修了認定には及ぶ。

● 政党の除名処分には司法審査が及ぶが、手続面のみの審査しかできない。

---

2. 裁判所の組織

1 裁判官の人選

　まず、最高裁判所長官（1人）は、内閣が指名し、天皇が任命します。次に、最高裁判所の長官以外の判事（14名）は、内閣が任命し、天皇が認証します。そして、下級裁判所の裁判官は、最高裁判所が指名する者の名簿によって、内閣で任命します。基本的にトップは指名からスタートし、メンバーは任命からスタートします。下級裁判所だけはこのルールが

高等裁判所の長官だけは、天皇の認証もあるよ。

うまく適用できないので、特に意識しておきましょう。ここで、すべての国家機関の人選が出そろいましたので、表でまとめておきます。確認用に使ってください。

	指名	任命	認証
内閣総理大臣	国会が指名	天皇が任命	
国務大臣		内閣総理大臣が任命	天皇が認証
最高裁判所長官	内閣が指名	天皇が任命	
最高裁判所裁判官		内閣が任命	天皇が認証
下級裁判所裁判官	最高裁判所が指名 名簿の作成	内閣が任命	高等裁判所長官のみ 天皇が認証

② 司法権の独立

　司法権の独立には2つあります。具体的には、①司法府の独立と、②裁判官の職権行使の独立です。

①司法府の独立

　これは、裁判所が外部の機関（立法機関と行政機関）から干渉されないということを意味しています。チェックする側が政治的に干渉されたらまともなチェックができなくなってしまうからです。これを支える制度としては、最高裁判所の規則制定権があります。また、裁判官の懲戒処分は、行政機関が行うことができないことになっています（行政機関による懲戒処分の禁止）。憲法上は行政機関となっているのですが、立法機関をも含む趣旨であると解されているので、これも広い意味で司法府の独立を支える制度となっています。これを②の「裁判官の職権行使の独立」を支える制度と見ることもあります。

②裁判官の職権行使の独立

　これは、裁判所内部で上司の裁判官が部下の裁判官に判決内容を指示したり、勝手に首にしたりできないということを意味しています。長沼ナイキ事件の際には、札幌地方裁判所の第一審で、所長の平賀氏が裁判長の福島氏に原告の申立てを却下するようアドバイスをして問題となったことがあります。これは「平賀書簡問題」と呼ばれていて、裁判官の職権行使の独立を脅かした有名事件です。ほかにも、司法権の独立を守ったといえば、「大津事件」なども有名ですよね。また、裁判官には通常の公務員以上に厚い身

> 警備をしていた津田三蔵巡査がニコライ皇太子（ロシア）に切りかかって負傷させた事件だよ。当時の大審院長児島惟謙（こじま・これかた）は、政府の死刑要求を無視して、無期懲役を言い渡した。政府の圧力に屈しなかったんだね。

分保障があります。具体的には、罷免事由が限定されています。裁判官共通の罷免事由は、公の弾劾（弾劾裁判）と心身の故障（分限裁判）です。この２つは仕方ありません。弾劾されるような悪いことをした、あるいは認知症等になって裁判をするに耐えられなくなってしまったわけですから。ただ、最高裁判所の裁判官だけは罷免事由が１つ追加されます。それが国民審査による罷免です。まとめると次のようになります。

▶ 裁判官の罷免事由

（１）すべての裁判官に共通の罷免事由
①公の弾劾（弾劾裁判）
②心身の故障（分限裁判）
（２）最高裁判所裁判官のみの罷免事由
③国民審査による罷免

ここで、国民審査とは何ぞや、ということについて解説しておきます。国民審査とは、国民が衆議院議員選挙の際に、裁判官をチェックする制度です。有権者がダメだと思う裁判官に×を付けて罷免するという非常に珍しいシステムです。つまり、罷免を可とする投票が多数であった場合には罷免されてしまいます。流れは憲法に定めがあり、最高裁判所の裁判官の任命後、初めて行われる衆議院議員総選挙の際に国民の審査がなされます。そして、その後10年を経過した後初めて行われる衆議院議員総選挙の際更に審査に付し、その後も同じサイクルで進みます。最高裁判所の裁判官には任期がないので、退官になる70歳までずっと仕事を続けられます。ただ、さすがに誰のチェックも受けないで、というわけにはいかないですよね。そこで国民が国民審査でチェックすることになっているわけです。

実際に罷免された裁判官はいないよ。国民審査は国際的に見てもかなりレアな制度だよ。

下級裁判所の裁判官には任期があるよ。10年と決まっていて、再任されることができるんだ。

また、裁判官の報酬は、在任中減額することができません。これは報酬面からの身分保障となっています。

	最高裁判所裁判官	下級裁判所裁判官
任期	なし →国民審査あり	10年（再任されることができる） →国民審査なし
定年	70歳	簡易裁判所→70歳 それ以外→65歳
公の弾劾 （弾劾裁判）	あり	あり
選任方法	長官→内閣が指名、天皇が任命 その他の判事→内閣が任命、天 皇が認証	最高裁判所の指名した者の名簿 により内閣が任命（高等裁判所 長官のみ天皇の認証あり）

3. 違憲審査権

　憲法81条では、「最高裁判所は、一切の法律、命令、規則又は処分が憲法に適合する
かしないかを決定する権限を有する終審裁判所である」と明記されています。これは簡
単に言うと、違憲審査権を持っているのは、最高裁判所だけでなく、下級裁判所も含ま
れていることを意味します。あくまでも最高裁判所は違憲審査の終審裁判所だ、と言っ
ているだけですから、裏を返せば、下級裁判所も違憲審査権を行使することができると
いうわけです。

　違憲審査権については法的性質に関する争いがありま
す。通説的には、具体的な事件が起こって、その解決に必
要な限りで違憲審査権を行使できると考えるのが一般的で
す。これを「付随的審査制説」といいます。事件に付随す
るからこのように呼ばれます。また、違憲判決の効力も当
該事件につき、違憲とされた法律の条文が適用されなくな
るだけです。これを「個別的効力説」といいます。最高裁
判所が「違憲だ」と言ったとしても、当該立法自体が消え
てなくなってしまうわけではないのですね。

一方、事件とは無関係に抽象
的に法令等の違憲審査ができ
ると考える見解があるよ。これ
を「抽象的審査制説」と呼ぶ。
ドイツなどで採用されているよ。

違憲と判断された法律の条文
が消えてなくなるという見解を
「一般的効力説」というんだけ
ど、裁判所に（法律をこの世か
ら消すという）立法を認めるこ
とになるので、採用できない。

4. 裁判の公開

　裁判には、対審と判決の２つがあります。このうち判決は結論部分なので、絶対に公開しなければなりません。つまり、非公開にできる場合はありません。しかし、対審は、裁判官が全一致で、公の秩序又は善良な風俗を害するおそれがあると決した場合には、非公開で行うことができます。ただし、その場合でも絶対に公開しなければならない対審が３つあります。それは①政治犯罪、②出版に関する犯罪、③憲法第３章で保障する国民の権利（人権）が問題となっている事件の対審です。これらは「常に」公開が求められます。

> 民事訴訟の口頭弁論や刑事訴訟の公判などだよ。

PLAY&TRY

1. 裁判において判決に不服がある場合は、上級の裁判所に再度審議と判決を求めることができるが、三審制により、３回目で最終審となり判決が確定するため、判決が確定した後の再審は認められていない。

（東京都H30）

1. ×
再審は認められる。

2. 日本国憲法は、すべての司法権が最高裁判所と下級裁判所に属することを定めており、下級裁判所には、高等裁判所、地方裁判所、行政裁判所、家庭裁判所、簡易裁判所がある。

（特別区H30）

2. ×
行政裁判所はない。

3. 下級裁判所の最上位にある裁判所は、地方裁判所である。また、内乱罪のような政治的刑事事件などでは、地方裁判所が第一審として裁判権を持つ。

(国税専門官H22改題)

3. ×
下級裁判所の最上位にある裁判所は、高等裁判所である。また、内乱罪のような政治的刑事事件は、高等裁判所が第一審としての裁判権を持つ。

4. 裁判は三審制を採用しており、第一審の判決を不服として上訴することを上告、第二審の判決を不服として上訴することを控訴という。また、第二審を飛び越して直接最高裁判所に上訴することはできない。

(国税専門官H27改題)

4. ×
第一審→第二審＝控訴、第二審→第三審＝上告である。また、第二審を飛び越して直接最高裁判所に上訴することができる場合もある（飛躍上告、跳躍上告）。

5. 日本国憲法には、特別裁判所の設置を禁止する定めがあり、その例外として、皇室裁判所と行政裁判所が置かれている。

(国税専門官H22改題)

5. ×
皇室裁判所と行政裁判所は置かれていない。

6. 最高裁判所は、内閣の指名に基づいて天皇が任命する長官と、内閣総理大臣が任命する14名の裁判官で構成されるが、下級裁判所の裁判官については、最高裁判所の長官が内閣の同意に基づき任命することとされている。

(東京都H30)

6. ×
最高裁判所の14名の判事は、内閣が任命し、天皇が認証する。また、下級裁判所の裁判官は、最高裁判所の指名する者の名簿により、内閣が任命する。

7. 最高裁判所は、判決内容の統一性を保持するため、裁判を担当する下級裁判所の裁判官に対して、指導し、監督する権限を有する。

(国家総合職H29改題)

7. ×
このような一般的な指揮監督権は裁判官の職権行使の独立を害するため、認められない。

8. 行政機関が最高裁判所の裁判官の懲戒処分を行うことは、裁判官の職権の独立を保障するため憲法上禁止されているが、下級裁判所の裁判官については、最高裁判所が認めた場合に限り、行政機関が懲戒処分を行うことができる。

(国家一般職R1)

8. ×
下級裁判所の裁判官についても、行政機関が懲戒処分を行うことはできない。

9. 憲法は、裁判官の独立を保障するとともに、裁判官に身分保障を与える規定を設けており、裁判官は、裁判により、心身の故障のために職務を執ることができないと決定された場合を除いて罷免されることはない。 （東京都H30）

10. 裁判官は、心身の故障のため職務を果たすことができない場合や、国会の弾劾裁判所で罷免が決定された場合以外は罷免されない。ただし、最高裁判所の裁判官については、任命後最初の衆議院議員総選挙のとき及びその後10年を経過した後初めて行われる衆議院議員総選挙ごとに行われる国民審査において、罷免を可とする投票が多数であった場合には罷免される。 （国家一般職R1）

11. 国民審査の方式は、罷免を可としない者には○、罷免を可とする者には×を記入する。 （オリジナル）

12. 違憲審査権とは、国会で定めた法律や行政機関が定めた政令・省令などが憲法に違反していないかどうかを審査する権限であり、最高裁判所だけでなく下級裁判所にも与えられている。 （特別区H30）

13. 我が国では、法の支配の実効性を保障するため、違憲審査権を与えられた憲法裁判所が、通常の裁判所と別に設けられている。この憲法裁判所では、審査の対象が高度に政治的な国の行為であっても、憲法判断を回避することは認められていない。

（国税専門官R2）

9. ×
ほかにも、公の弾劾（弾劾裁判）や最高裁判所裁判官に限っては国民審査による罷免もあり得る。

10. ○
そのとおり。
罷免事由に関する知識は頻出である。

11. ×
罷免を可とする者に×を記入する。それ以外の場合は何も書かずに投票する。

12. ○
そのとおり。
すべての裁判所に違憲審査権は認められている。

13. ×
日本には憲法裁判所は別に設けられていない。

14. 違憲審査権は全ての裁判所に認められており、この権限は、いずれの裁判所においても、刑事裁判や民事裁判などの具体的な訴訟の中で行使されるが、具体的訴訟とは無関係に法令や国家行為の合憲性を抽象的・一般的に審査することはできない。　　　（国家一般職R1）

14. ○
そのとおり。
付随的審査制説に関する説明として正しい。

15. 裁判所は、一切の法律、命令、規則、処分が憲法に違反していないかどうかを判断する違憲法令審査権を持ち、この権限は全ての裁判所に与えられており、最高裁判所が終審裁判所として位置付けられている。　　　（東京都H30）

15. ○
そのとおり。
違憲法令審査権は、いわゆる違憲審査権のことである。

16. 裁判官が全員一致で、公序良俗を害するおそれがあると決した場合には、憲法第三章で保障されている国民の権利が問題となっている事件の判決であっても、公開しないことができる。

（国家総合職H29改題）

16. ×
まず、判決は絶対に公開しなければならない。また、仮に対審と置き換えても、憲法第3章で保障されている国民の権利が問題となっている事件の対審は、絶対公開事由である。

18 重要度 ★★★　頻出度 ★★★

財政

憲法の規定を前提にして経済的な知識も問われます。
とにかく頻出なので、厚く解説します。

1. 財政の機能

　財政とは、政府が行う経済活動をいいます。ただ、別に政府が単独で行う必要はありません。財政の機能としては、マスグレイブの3機能説が有名です。資源配分機能、所得再分配機能、経済安定化機能の3つに分けました。

財政政策の主体は「政府」だよ。一方、金融政策の主体は「日本銀行」だ。ごっちゃにしないように注意しよう。

1 資源配分機能

　公共財の提供を政府が行うという機能です。道路や港湾、公園、警察・消防・国防などが挙げられます。ほかにも企業に対して規制をしたり、補助金を配ったりすることも含まれます。

2 所得再分配機能

　各社会階層間の格差を是正するべく、所得の再分配を通じて公平を期す機能です。例えば、累進課税や失業保険、医療保険などをはじめとする社会保障制度が挙げられます。なお、所得の格差がどのくらいあるのかを示す指標としてジニ係数なるものがあります。これは、0〜1の間の数値で表されるのですが、1に近づけば近づくほど格差が拡大していることを意味します。

3 経済安定化機能

　景気対策を行う機能です。試験では、景気動向に応じて財政支出を調整するフィスカル・ポリシー（裁量的財政政策）と、制度としてあらかじめ組み込まれたビルト・イン・スタビライザー（景気の自動安定化装置）がよく問われます。これら2つの違いは人為的に決めるのか、自動的に決まっているのかという点にあります。次に詳しく見ていき

ます。

①フィスカル・ポリシー(裁量的財政政策)

　フィスカル・ポリシーは、政府の裁量的財政政策のことです。具体的には、政府が経済状態に応じて裁量的に財政的手段を打ち出すことで景気の安定化を図っていきます。例えば、好況期には財政規模(政府支出)の抑制を図ったり、増税によって需要の拡大を抑えたりします。一方、不況期には財政規模(政府支出)の拡大を図って、需要の増大を目指し、国民所得を増大させます。そうしないと不況から脱却できません。例えば、国債を発行して公共事業を増やすなどです。それからあわせて減税もしなければいけませんね。このように、財政規模(政府支出)の増減を通じて完全雇用と経済の安定的成長を実現しようとします。

▶フィスカル・ポリシーの具体例

- 好況期

  景気の過熱化を防ぐため、景気を抑制する政策が採られる。

  →財政規模(政府支出)の抑制、増税

- 不況期

  不況からの脱却をするため、景気を刺激する政策が採られる。

  →財政規模(政府支出)の拡大、減税

　ここで「クラウディング・アウト」という言葉を知っておきましょう。これは、むやみやたらに財政規模(政府支出)を増加させると、民間投資を抑制してしまうというものです。具体的には、財政規模(政府支出)を増やすと、当然財源を確保しなければなりません。そのため、国債を発行して資金を調達することになります。しかし、これをしてしまうと、市中(市場)の資金が国債の購入に充てられ、結果的に通貨不足を招き、市中の金利(利子率)が上がってしまうわけですね。こうな

> 国債発行は、財政の硬直化を招くよ。国債費(国債の返済)がかさみ、自由に使えるお金が減ってしまうからだ。

ると企業が融資を受けて資金調達をすることが難しくなりますから、民間投資も自ずと抑制されてしまうのです。

　また、財政赤字が拡大すると、政府債務の長期的な償還可能性に対する市場の信認を失ってしまうため、金利が上昇したり、通貨価値が下落したりする事態を招く危険があります。

②ビルト・イン・スタビライザー（景気の自動安定化装置）

　不況期には景気刺激的に、**好況期**には景気抑制的に働く自動調整機能を備えた財政上の仕組み（装置）です。所得税をはじめとする累進課税や失業保険などが典型です。制度として組み込まれているので、フィスカル・ポリシーに比べて、景気動向とのタイムラグが少ないという点が特徴です。

例えば、好況期はみんな高所得なので累進課税により所得税をがっぽり持っていかれてしまう。そうすると、景気の過熱化を抑制できる（可処分所得が減る）。一方、不況期はみんな低所得なので、累進課税により所得税をあまり持っていかれない。よって、景気の下支えをする効果があるんだ（可処分所得が減りすぎないので）。

4 ポリシー・ミックス

　目標を達成するため、**複数の政策を適当に組み合わせて行うこと**をポリシー・ミックスといいます。例えば、財政政策と金融政策、あるいは為替政策を一緒に行うような場合が該当します。これによって政策効果を一気に引き上げることができるのです。

2. 財政に関する規定

1 憲法上の要請

　国の財政を処理する権限は、**国会の議決**に基づいて、行使されます。これを「**財政民主主義**」とか「**財政国会中心主義**」とかいったりします。あらたに租税を課したり、現行の租税を変更したりするためには、**法律または法律の定める条件によ**ることが必要となります。これを「**租税法律主義**」といいます。ここで、租税とは何かが問題となりますが、判例は、「国又は地方公共団体が、課税権に基づき、その経費に充てるための資金を調達する目的をもって、特

条例で地方税を課すことも許されるよ。現に法定外普通税や法定外目的税があるよね。また、法律上は、課税できる物品であるにもかかわらず、実際上は非課税としてとり扱われてきた物品（パチンコ球遊器）を、通達を機縁として新しく課税物件として取り扱っても、通達の内容が法の正しい解釈に合致するものであれば、違憲ではない、というのが判例だ。

別の給付に対する**反対給付としてではなく**、一定の要件に該当するすべての者に対して課する金銭給付は、その形式のいかんにかかわらず、憲法84条に規定する租税に当たる」としています。反対給付があってはいけないので、例えば、「**国民健康保険の保険料**」は、被保険者において保険給付を受け得ることに対する反対給付として徴収されるものであるため、**租税には該当しません**。

　なお、租税法律主義の要請は、**課税要件法定主義**と**課税要件明確主義**にあります。課税要件法定主義は、単に納税義務者や課税物件、税率等の課税要件だけ定めるのでは足

りません。租税の賦課・徴収の手続まで法定されていることが必要なので注意しましょう。

② 租税原則と租税学説

　租税には3つの原則が妥当します。公平、中立、簡素の3つです。この中で試験的に重要なのは、公平です。これは、高所得の人は高額の負担をするべきだ、とする「垂直的公平」と、同じ所得を持つ人は同じ負担をするべきだ、とする「水平的公平」の2つがあります。消費税は同じ所得の人には同じ負担になるように働くという意味で水平的公平を実現する租税といえます。また、租税学説としては、応能説と応益説があります。前者は、納税者の能力に応じて課税するべきだ、とする説です。一方、後者は、公共サービスによって受ける便益に応じて課税するべきだ、とする説です。

所得再分配を実現するためには、応能負担の方が優れているといわれるよ。

③ 租税の種類

　ここでは、直接税、間接税の違い、累進税、比例税、逆進税の違いなどを押さえましょう。

①直接税と間接税

　直接税は、担税者（租税負担者）と納税者（納税義務者）が一致する租税です。所得税や法人税、相続税などがこれに当たります。間接税は、担税者と納税者が一致しない租税です。担税者は私たち消費者ですが、納税者は店です。消費税や酒税、たばこ税などがこれに当たります。日本は、戦前は間接税中心主義を採っていましたが、戦後2度のアメリカからのシャウプ勧告（1949年、1950年）を経て、直接税中心主義になりました。日本の直間比率（国税＋地方税）はだいたい6：4です。ちなみに、本家本元のアメリカは日本以上に超直接税中心主義です。

国内の日本法人だけでなく外国法人にも納税義務があるよ。一方、学校法人や宗教法人などのように、収益事業を除いて納税義務が免除されている法人もある。

税制の根本的改革を指摘した勧告だよ。青色申告制度や地方財政平衡交付金制度（現地方交付税交付金）の創設、地方税で市町村税中心主義を導入することなども提案されたんだ。

令和3年度の当初予算額は、63.6:36.4だよ。

▶ 直接税と間接税

		直接税	間接税
国税		所得税、法人税、相続税、贈与税など	消費税、酒税、たばこ税、関税など
地方税	道府県税	都道府県民税、事業税、自動車税など	地方消費税、都道府県たばこ税、ゴルフ場利用税など
	市町村税	市町村民税、固定資産税、軽自動車税など	市町村たばこ税、入湯税など

②累進税・比例税・逆進税

　累進税とは、所得が高い人ほど税率が高くなる租税です。所得税が典型です。ほかにも相続税や贈与税などがあります。比例税は、所得に関係なく一定割合で税金がかかる租税です。アダム・スミスは、この比例税が公平の原則を充足するものだとしましたが、現代においては、累進税の方が公平だといわれることが多いですね。逆進税とは、所得が大きくなると税率が徐々に低くなっていく租税です。裏を返せば、低所得の人であればあるほど負担率が高くなる租税です。日本にはこの逆進税はないとされているのですが、消費税は事実上の逆進税といわれます。所得が高い人からすると消費税10％はたいしたことないかもしれませんが、所得が低い人からすると重い負担になりますよね。このようなことから消費税は逆進性の高い租税となります。

③所得課税・消費課税・資産課税

　何に課税するのか、という基準で分けたものです。所得課税は、個人や法人の所得に課されるもので、所得税や法人税、住民税、事業税などが挙げられます。消費課税は消費支出に課されるもので、消費税や酒税などがこれに当たります。資産課税は個人や法人の資産に課されるもので、相続税や固定資産税、印紙税などがあります。

４ 日本の消費税

　日本における消費税の歴史は1989年の３％からスタートしました（竹下登内閣時）。その後1997年４月に５％（橋本龍太郎内閣時）、2014年４月に８％（安倍晋三内閣時）と段階的に税率が引き上げられてきました。そして２回の延期を

このときに、地方消費税が導入された。５％のうち１％が地方消費税となったんだ。

経て、2019年10月から10％（安倍晋三内閣時）になっています。いまや消費税は所得税を抜いて、税収のトップに君臨しています。なお、消費税を10％にするときに、所得が低い人への配慮として、軽減税率を導入しました。具体的には、酒類・外食を除く飲食料品と週2回以上発行されている新聞は消費税8％に据え置かれました。

　ちなみに、消費税は付加価値税に相当する租税です。この付加価値税は諸外国にも当然あるのですが、日本と比較すると概ね高い傾向にあります。例えば、スウェーデンやデンマークは25％、イタリア22％、イギリス20％、フランス20％、ドイツ19％などとなっています（2020年1月現在）。

5 日本の租税負担

　日本の租税負担率は、先進国の中で低いことで有名です。アメリカと同じくらいで25〜26％程度と思っておきましょう。これに社会保障負担率を加えたものが国民負担率なのですが、こちらは45％くらいです。アメリカよりは高いのですが、ほかの欧州諸国に比べると低い値になっていますね。少子高齢化の影響で、今後も国民負担率が上昇することが予想されています。

> 租税負担率とは、国民所得に対してどのくらい租税負担額を負っているか、という割合。

> さぁ、一緒に尻を向けてクラウディング・アウト

> クラウディング・アウトって言葉を言いたいだけでしょ

PLAY&TRY

1. 財政とは、国が単独で行う経済活動をいい、その機
   能には、資源配分、所得再分配、景気調整、金融調
   節、為替介入の五つがある。例えば、景気を立て直
   そうとする場合に、景気調整と資源配分を組み合わ
   せた財政政策が行われるが、これをポリシー・ミッ
   クスという。
   （国家一般職H29）

   1. ✕
   財政は国が単独で行うと
   は限らない。また、財政の
   機能も資源配分、所得再
   分配、経済安定化の3つ
   である。ポリシー・ミックス
   とは、複数の政策を組み
   合わせて行うことをいう。

2. 資源配分機能とは、電気、ガスなどの純粋公共財や、
   交通機関、通信回線などの公共サービスを政府が財
   政資金を用いて供給することをいう。例えば、政府
   は、電力会社や鉄道会社などに対して補助金を交付
   することで、全国一律の料金で同等のサービスが受
   けられるようにしている。
   （国家一般職H29）

   2. ✕
   電気、ガスは純粋公共財
   ではない。また、電力会社
   や鉄道会社などに対して
   も補助金を交付すること
   で、全国一律の料金で同
   等のサービスが受けられ
   るようにしているわけでは
   ない。

3. 所得再分配機能とは、資本主義経済では所得格差が
   発生するため、税制度や社会保障制度を通じて所得
   の均一化を図ることをいう。例えば、所得の多い人
   ほど一般に消費性向が高く、消費税による税負担の
   割合が重くなるという累進課税がこの機能の一つで
   ある。
   （国家一般職H29）

   3. ✕
   消費税は累進課税ではな
   い。

4. 裁量的財政政策（フィスカル・ポリシー）とは、政
   府が公共支出や課税の増減を行うことで、有効需要
   を適切に保ち、景気循環の振幅を小さくして経済を
   安定させる政策である。例えば、不景気のときには、
   減税をしたり国債の発行によって公共事業を増やし
   たりする。
   （国家一般職H29）

   4. 〇
   そのとおり。
   不景気のときの政策とし
   て、減税と政府支出の増
   大の組合せを覚えておこ
   う。

5. 自動安定化装置（ビルト・イン・スタビライザー）とは、自動的に税収が増減したり、社会保障費が増減したりする機能である。例えば、景気の拡大期には、所得の増加に伴って個人消費が伸び、消費税による税収が増えることで積極的な財政政策を行わせ、景気を更に拡大させる。 （国家一般職H29）

5. ✕
ビルト・イン・スタビライザーの観点からは、景気の拡大期には、景気の過熱化を防止する効果がある。

6. 財政支出の際に国債を発行すると、市中の資金需要が緩和し金利が低下する。このため、民間投資が活発化する。 （オリジナル）

6. ✕
市中の資金需要がひっ迫し金利が上昇する。このため、民間投資が抑制される（クラウディング・アウト）。

7. 我が国は、第二次世界大戦前は直接税の比重が高かったが、戦後、シャウプ勧告を受け、所得税や法人税の引下げにより、間接税の比重が高まった。 （国家総合職R2改題）

7. ✕
もともと間接税の比重が高かったが、戦後、シャウプ勧告を受け、所得税や法人税の引上げを通じて直接税の比重が高まった。

8. 1980年代後半の消費税導入に際して間接税は大幅に簡素化され、現在では消費税のほか、酒税、たばこ税、自動車重量税のみが存在する。 （オリジナル）

8. ✕
間接税はほかにもたくさんあるので誤り。なお、自動車重量税が間接税であることはこの際覚えておこう。

9. 相続税は、水平的公平の考えに立つ租税である。 （オリジナル）

9. ✕
相続税は垂直的公平の考えに立つ租税である。

10. 所得税は累進税となっているため、所得の再分配を促す機能があるが、消費税は低所得者にとって逆進的になる。 （オリジナル）

10. ○
そのとおり。
消費税は事実上の逆進税であるといわれる。

11. 所得課税の例としては、国税においては所得税、法人税、相続税等が挙げられ、地方税においては住民税、印紙税、酒税等が挙げられる。

（国税専門官 H28改題）

11. ×
相続税や印紙税は資産課税である。また、酒税は国税であり、かつ消費課税である。

12. 日本の租税負担率は、先進国の中で高い水準となっている。
（オリジナル）

12. ×
日本の租税負担率は、先進国と比較すると低い。

13. 租税負担額の国民所得に対する比率を国民負担率という。
（国税専門官 H28改題）

13. ×
本肢は租税負担率の説明になっている。

税金は
払わないとダメだよ。
払いたくないけど

19

重要度★★★　頻出度★★★

公債

国債は2種類あることを押さえましょう。
国債発行の歴史が出ることもあるので、要注意です。

1. 公債とは？

　公債とは、公的に発行される債券・有価証券のことです。国が発行すれば国債と呼ばれ、地方公共団体が発行すれば地方債と呼ばれます。地方債を発行する際には、地方公共団体は総務大臣又は都道府県知事と協議をしなければなりません（協議制）。ただ、地方公共団体の自主性・自立性を高める観点から、一定の要件を満たす財政状況が健全な地方公共団体は、協議は不要となります。その代わり、事前届出で起債できる制度が導入されています（2012年度から）。

2. 国債の種類

1 建設国債

　財政法第4条第1項ただし書に基づいて発行される国債が「建設国債」です。公共事業費、出資金及び貸付金の財源として発行されます。目的がちゃんと決まっているのですね。これを「建設国債の原則」といいます。これらの目的以外で国債を発行してはいけないというのが建前です。

財政法第4条第1項は、「国の歳出は原則として国債又は借入金以外の歳入をもって賄うこと」と規定しているんだけど、ただし書で、公共事業費、出資金及び貸付金の財源について、例外的に国債発行によって調達することができるとされているんだ。

この建設国債は、国会の議決を経た金額の範囲内で発行できるとされていて、その発行限度額は、一般会計予算総則に計上されます。歴史的には1966年以降毎年発行されています。よく、国債発行は将来につけを回すことになる、という言葉を耳にしますが、それは次に勉強する特例国債についてです。建設国債ならば、将来も使えるインフラ整備に充てられるので、逆に将来世代に便益をもたらすことがあります（世代間の不公平が少ないということ）。

② 特例国債

いわゆる「赤字国債」と呼ばれているものです。建設国債を発行しても、歳入が不足すると見込まれる場合に、公共事業費以外の資金調達を目的として特別の法律（特例法）を作って国債を発行することがあります。それゆえ「特例国債」というわけです。特例国債は、建設国債と同様に国会の議決を経た金額の範囲内で発行できることとされていて、一般会計予算総則にその発行限度額が計上されます。歴史的には、1965年に単年度的に発行され、その後しばらく発行されなかったのですが、1975年から再び発行されるようになりました。ただ、一時バブル景気の時代に発行されていなかった年があるので（1990〜1993年）、この点には引っかからないでくださいね。「ほぼ」毎年発行されている、というのが正しい言い回しです。

3. その他国債発行の知識

① 市中消化の原則

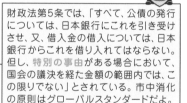

国債は、日本銀行以外の主体が引き受けるべきで、日本銀行が国債の引受けを行うことは、原則として禁止されています。これを「国債の市中消化の原則」といいます。理由は、日本銀行が国債を買うために通貨を増発すると、悪性のインフレーションを引き起こすおそれがあるからです。ただし、償還

> 財政法第5条では、「すべて、公債の発行については、日本銀行にこれを引き受けさせ、又、借入金の借入については、日本銀行からこれを借り入れてはならない。但し、特別の事由がある場合において、国会の議決を経た金額の範囲内では、この限りでない」とされている。市中消化の原則はグローバルスタンダードだよ。

期限が到来したものについては、財政法第5条ただし書の規定に基づいて、国会の議決を経た金額の範囲内に限って、市場から引き受けてもいいよとされています。いわゆる「買いオペレーション」というやつで引き受けます。これは公開市場操作の一環で、日本の金融政策の主な手段となっています。

② 国債発行の欠点

国債を発行することの欠点は主に4つあります。まずは、国債発行により政府が市中の資金を吸い上げてしまうので、市場の金利（利子率）が上昇し、結果的に民間投資が抑制されます。これをクラウディング・アウトといいましたね。次

> 逆に、日本銀行が金融機関から国債を買い上げる（買いオペレーション）と、金融市場に資金が供給されることになるため、金利は下がる。

に、インフレーションが起こる可能性があります。景気が刺激されるため、物価が上がるということです。また、財政の硬直化を招きます。歳出として国債費（国債の返済）

に充てる必要が出てくるので、自由に使えるお金がなくなってしまうわけですね。さらに、信認の低下を招く危険があります。国債発行残高が多くなってくると、デフォルト（債務不履行）になる可能性が高まるため、格付けが落ちたり、金利が上昇したりすることがあるのです。

3 償還期限

　国債は償還期限の違いで、短期国債と長期国債の２つに分けることができます。日本で発行額が多いのは、10年物の長期国債です。短期国債は償還期限までが短く流動性（換金性）が高いので、不況期に発行すれば景気を刺激することができます。一方、長期国債は償還期限までが長く流動性は低いですね。

4. プライマリー・バランス

　プライマリー・バランスとは、基礎的財政収支のことです。具体的には、公債金収入を除いた税収・税外収入と、国債費（国債の元本返済や利払いに充てられる費用）を除く歳出との収支のことです。「公債金収入を除いた税収・税外収入」－「国債費を除く一般歳出」という公式で求めます。現在の日本は、このプライマリー・バランスは万年赤字で、これを早期に黒字化することが目指されています。例えば、次のような場合のプライマリー・バランスはどうなっているでしょうか？　簡単に計算してみてください。

▶ プライマリー・バランス

〈例〉
公債金収入20兆円、税収等60兆円、国債の元本返済及び利払い費15兆円、一般歳出90兆円のとき、プライマリー・バランスは、

　　　（税収等60兆円）－（一般歳出90兆円）＝－30兆円

となる。したがって、30兆円の赤字となる。

「公債金収入」や「国債の元本返済及び利払い費」は除くので注意！

PLAY&TRY

1. 国債には建設国債と赤字国債があるが、赤字国債は第一次石油危機を契機に発行されて以来、一貫して発行されてきた。　　　　　　　　　　（オリジナル）

   1. ×
   一時発行されなかった時期がある。

2. 国債については、公共事業、出資金及び貸付金の財源として発行される建設国債と、それ以外の歳出に充てられる特例国債の2つがあり、両者とも財政法に基づき発行される。　　　（国税専門官H28改題）

   2. ×
   財政法に基づき発行されるのは建設国債である。

3. 特例国債とは、財政法4条の規定に基づき発行されるものであり、国会の議決を要しないで発行することが認められている。　　　　　　（オリジナル）

   3. ×
   財政法4条の規定に基づき発行されるものは建設国債である。また、特例国債の発行には、特例法を制定する必要があるので、国会の議決が必要であるし、国会の議決を経た金額の範囲内で発行できる。

4. 我が国では、国債発行について、日本銀行の引受けは禁止されており、市場で消化することを原則としている。　　　　　　（裁判所職員H21改題）

   4. ○
   そのとおり。
   国債の市中消化の原則である。

5. プライマリー・バランスとは、政府の歳入総額と歳出総額の収支である。　　（裁判所職員H21改題）

   5. ×
   公債金収入を除いた税収・税外収入と、国債費（国債の元本返済や利払いに充てられる費用）を除く歳出との収支である。「総額」ではない。

6. プライマリー・バランス（基礎的財政収支）は、国債発行額を含む税収等の歳入から、国債の利払いと償還費である国債費を除く歳出を差し引いた収支のことである。　　（国税専門官H28改題）

   6. ×
   「国債発行額を除く税収等の歳入から」の誤り。

公債依存度は上がったり下がったり？

　国の一般会計予算に占める借金の割合を示す指標を「公債依存度」とい
いますが、この数値は、歴史的に見ると、上がったり下がったりを繰り返
しています。まず、1980年くらいまでにかけて上がり、バブル経済の進展
でその後低下していきます。1991年には一時一けた台まで下がりました
（7.6％）。しかし、その後再び上昇に転じていきます。リーマン・ショック
の影響を受け、2010年には48.0％という驚異の数字をたたき出すまでに
なりました。それ以降は、アベノミクスによって経済が上向きになっていっ
たので、それに伴い公債依存度も低下傾向で推移しました。ところが、
2020年に新型コロナウイルスが世界でまん延し、日本もそのあおりを受け
ました。補正予算を3回組み、その結果、公債依存度は前代未聞の64.1％
となったのです。単年度的な動きだとは思いますが、歴史に残る年となっ
たことは間違いありませんね。

20

金融政策

金融政策は財政政策と並び超頻出分野になります。難しいことにあまり立ち入る
必要はありませんので、限られた範囲をしっかりと勉強していきましょう。

1. 金融の種類

主に3つありますので、それぞれのポイントを押さえていきましょう。

1 直接金融

株式を発行したり、社債を発行したりして、自力で資金を集める方法です。ポイント
は銀行等の金融機関を介在させないで、直接市場から資金の融通を受ける点にあります。

2 間接金融

銀行等の金融機関から借入れをして資金を集める方法です。余剰資金の所有者がその
余剰資金を銀行等の金融機関に預け、当該金融機関が預かった資金を家計や企業に貸し
付けるわけですね。ポイントは直接市場からお金をかき集めるのではなく、銀行等の金
融機関を通じて余剰資金をかき集める点にあります。

3 自己金融

企業等が自分の内部留保などから資金を融通する方法です。自分のポッケからお金を
出すイメージですね。

2. 中央銀行

日本では、1940年代に管理通貨制度が採用されました。
金・銀などとの交換が保証されない不換紙幣を発行すること
で、景気変動や物価を金融政策によって柔軟に調節するため
です。ただ、一方ではインフレーションなどのリスクは生じ

> 逆の概念が金本位制だよ。
> これは金と交換できる兌換紙
> 幣(だかんしへい)を発行する
> 仕組みだ。物価は安定するけ
> ど、金融政策は制限される。

ることになりますけどね。そして、この管理通貨制度を運用するために重要な役割を果

たすのが中央銀行です。

　中央銀行は、日本でいうと、日本銀行のことを指します。諸外国では、アメリカの
FRB（連邦準備制度理事会）やEUのECB（欧州中央銀行）などが有名です。日本銀行
は、次の3つの役割を果たす点が特徴的です。

▶ 日本銀行の役割

①唯一の発券銀行：銀行券（お札）を発行できる。なお、日本銀行券は独立行政法人国立
　　　　　　　　　印刷局が製造している。
②銀行の銀行：金融機関とやり取りをする（貸付け、預金の受入れなど）。一般の企業や
　　　　　　　個人とは取引をしない。
③政府の銀行：国庫金の出納（地方公共団体の公金は管理しない）や国債に関する事務
　　　　　　　などを担当する。

　日本銀行は金利操作を行いますが、これは日本銀行の最
高意思決定機関である政策委員会における、金融政策決定
会合の権限として行われます。そのため、制度上は政府の
了承を得る必要がありません。

メンバーは、日本銀行総裁1名、
日本銀行副総裁2名、審議委
員6名で構成されている。

3. 金融機関の安定性の確保

1 金融庁

　金融庁は、民間の金融機関の監督を行う機関です。昔は金融監督庁というのがあった
のですが、1997年に大手金融機関の破綻など金融システムの不安定化を目の当たりにし
て、金融機関を守るために競争を避けて安定した秩序を確保する護送船団方式をやめま
した。そのため、監督機能を有する官庁が必要となり、2000年に改組して現在の金融庁
としたわけです。

2 準備預金制度と預金保険機構

　まず、金融機関は日本銀行に当座預金口座を持っていて、ここに預金の一定割合を入れ
ておかなければなりません。これを「預金準備制度」といいます。一方、預金保険機
構とは、破綻した金融機関から預金者を保護する機構です。ペイオフ制度というものが
あって、預金者一人あたり1金融機関で1000万円＋利息を上限に保護されます。2010

年には日本振興銀行の破綻により、ペイオフが初めて発動されました。

❸ BIS規制（バーゼル規制）

　国際業務を行う銀行に対して課される自己資本比率の規制で、具体的には、自己資本比率が8％以上ないとダメ、というものです。ちなみに、国内業務だけ行うのであれば自己資本比率は4％以上でOKです。

4.　日本銀行の金融政策

　日本銀行は景気対策や物価安定の目的で、金融政策を行います。これは、市場に流れるお金の量をコントロールするというものです。具体的には、好況期は市場に流れるお金の量を減少させます。そうしないとインフレーションになってしまいます。つまり、景気の過熱化を防ぐような金融政策が採られます。一方、不況期は市場に流れるお金の量を増加させなければなりません。そうしないとデフレからの脱却が難しくなってしまいます。みんなお金に困っているわけですから、市場にお金を流して景気を刺激するような金融政策が採られるということです。

　では、さっそく代表的なものを5つご紹介していきます。表にしてまとめておきますので、方向性を押さえてください。

▶ 日本銀行の金融政策

公開市場操作	日本銀行が、市中にある国債や手形などの債券を売ったり、買ったりする政策。日本銀行の中心的な金融政策。	好況期：売りオペレーション（市場からお金を回収する）
		不況期：買いオペレーション（市場へお金を供給する）
預金準備率操作	金融機関は日本銀行に一定の割合でお金を預けておかなければならない。そして、その「一定の割合」（預金準備率）を増やしたり、減らしたりする。預金準備率は1991年10月を最後に変更されていない。	好況期：引き上げる（金融機関からお金をたくさん吸い上げて、市場に流れるお金を減らす）
		不況期：引き下げる（なるべく金融機関にお金が残るようにして、市場に流れるお金を増やす）

基準割引率 および 基準貸付利率 （従来の 「公定歩合」）	日本銀行が金融機関にお金を貸すときの金利（利率）を上げたり、下げたりする。	好況期：引き上げる（金融機関がお金を借りにくくなるので、市場にもお金が流れにくくなる）
		不況期：引き下げる（金融機関がお金を借りやすくなるので、市場にもお金が流れやすくなる）
無担保 コールレート	金融機関どうしでお金を貸し借りする際の金利（利率）をコールレートという。日本銀行は、コールレートについて目標数値を決めてお金の量をコントロールする。	好況期：引き上げる（金融機関どうしでお金を借りづらいので、市場にもお金が流れにくくなる）
		不況期：引き下げる（金融機関どうしでお金を借りやすいので、市場にもお金が流れやすくなる）
マイナス金利	金融機関が日本銀行に預けているお金にかかる金利（利率）をマイナスにする。要するに、日本銀行にお金を預けておくとなぜか手数料をとられるという仕組み（金融機関が損をする）。	金融機関が日本銀行にお金を預けるのではなく、個人や企業にお金を貸す流れを作り出すことができる。日本銀行は現在、当座預金の一部について−0.1％のマイナス金利を課している。

5. 信用創造

　信用創造とは、預金が、貸付け、支払い、預金を繰り返すことによって何倍にもなるという現象をいいます。計算問題が出題されるのですが、公式さえ覚えておけば、簡単に問題は解けます。

①→②と計算する。

① $\dfrac{1}{\text{支払準備率（預金準備率）}} \times \text{本源的預金} = \text{預金総額}$

② 預金総額−本源的預金＝信用創造された額

〈例〉

500万円を最初に銀行に預金した場合で、銀行の支払準備率（預金準備率）が10％だったとき、最初の預金を元にして銀行組織全体の信用創造によって創り出される額は、

① $\dfrac{1}{0.1} \times 500 = 5000$

② $5000 - 500 = 4500$

となる。したがって、創り出された額は4500万円となる。

6. 国際収支

　国際収支とは、1年間で海外との間で行ったお金のやり取りをまとめたものです。収入・支出のバランスを見るときに使われる指標ですね。実は、IMFが2008年に国際収支マニュアル第6版（BPM6）を公表したため、財務省や日本銀行も2014年1月からこれに準拠した新しい国際収支統計に作りかえました。次に簡単にまとめておきますので、確認用に使ってください。

▶ 国際収支

1. 経常収支（入ってきたら＋〈プラス〉、出ていったら−〈マイナス〉となる）

　①貿易・サービス収支

　● 貿易収支（輸出は＋、輸入は−）

　● サービス収支（訪日外国人旅行者数の増加は＋、日本人海外旅行者数の増加は−、ほかにも保険料や通信料、知的財産権の使用料などがある）

②第一次所得収支

- 雇用者報酬（海外で日本人が稼いだら＋、日本で外国人が稼いだら－）

- 投資収益（収益の受取りは＋、収益の支払いは－）

③第二次所得収支（国際機関への拠出金、無償の資金協力）

2．資本移転等収支（社会資本などに対する無償援助）

3．金融収支（日本が海外に投資をしたら＋、日本が海外から投資されたら－）

①直接投資（不動産の取引、会社や工場を作るなど）

②証券投資（株や債券、国債を買うなど）

③金融派生商品

④その他投資

⑤外貨準備（日本銀行が外資を大量に持っていると外貨準備が多いので＋、日本銀行があまり外資を持っていなかったら外貨準備が少ないので－）

4．誤差脱漏

PLAY&TRY

1. 直接金融とは、余剰資金の所有者が銀行などの金融機関に預金をし、金融機関が預かった資金を家計や企業に貸し付ける方式をいう。　（東京都Ｒ１）

1．×
「間接金融」の誤り。

2. 間接金融とは、余剰資金の所有者が株式市場や債券市場を通じて株や社債を購入することによって、資金を企業に融通する方式をいう。　（東京都Ｒ１）

2．×
「直接金融」の誤り。

3. 日本銀行は、短期金利に関する誘導目標値を設定し、公開市場操作を行うことにより、金融調節を実施する。 （東京都R1）

3. ○
そのとおり。
売りオペレーション、買いオペレーションを行う。

4. 日本銀行が金融機関から国債を買い上げ、金融市場に資金を供給することにより金利を上げることができる。 （東京都R1）

4. ×
買いオペレーションを行い、金融市場に資金を供給すると、金利は下がる。

5. 日本銀行が行う金融政策としては、公開市場操作・公定歩合操作・預金準備率操作などがあるが、現在は公定歩合操作が中心となっている。 （特別区H25改題）

5. ×
公定歩合操作は中心ではなくなった。また、現在は公定歩合とは呼ばずに「基準割引率および基準貸付利率」という。

6. 物価が上昇傾向にあるときは、日本銀行は買いオペレーションを行う。 （特別区H25改題）

6. ×
売りオペレーションを行う。

7. 日本銀行は、好況の時には金融緩和政策を行い、家計・企業向けの預金・貸出金利が引き下がる金融調節を行う。 （東京都R1）

7. ×
本肢は不況の時の金融調節の仕方である。

8. 我が国では、預金保険機構が金融機関の破綻に備えて設けられている。そして、ペイオフによって預金の払戻しが一定の額まで保証される。 （特別区H25改題）

8. ○
そのとおり。
1000万円とその利息まで保証される。

21 予算と決算

重要度 ★★★　頻出度 ★★

予算は、時事でも出題されますが、ここでは基礎的な概念や制度を覚えていきましょう。
財政投融資も地味に試験に出ます。

1. 予算に関する憲法の定め

　内閣は、毎会計年度の予算を作成し、国会に提出して、その審議を受け議決を経なければなりません。予算の法的性質には争いがあり、予算は単なる行政行為だとする「予算行政説」（予算承認説）や、予算は法律と同じと考える「予算法律説」、予算は法律とは別個の国法の一形式と考える「予算法形式説」がありますが、通説は予算法形式説をとります。法規範ではあるけど、法律とは違うという中途半端な法形式だとするわけです。

　では、国会は内閣が提出した予算案を修正してしまってよいのでしょうか。この点については減額修正であれば制限なく認められますが、増額修正は無制限に認めるわけにはいきません。そこで、予算の同一性を損なうような大修正まではできないと考えていくのが一般的です。増額修正についてはできるけど限界があるということを押さえておきましょう。

　次に、予備費について説明します。予見し難い予算の不足に充てるために予算に計上される費用が予備費です。国会の議決に基づいて予備費を設け、内閣の責任で支出することができます。ただ、支出した後に、内閣は、事後に国会の承諾を得なければなりません。

支出する際には国会の議決はいらないよ。ひっかけで出るので注意しよう。

しかし、仮にこの承諾が得られなかった場合でも、既に支出した予備費の効力には影響を与えません。つまり、報告案件として扱います。なお、予備費は、明治憲法下では計上が義務とされていましたが、日本国憲法では、計上は任意とされています。

　最後に皇室の費用についての扱いです。憲法の規定では、「すべて皇室財産は、国に属する。すべて皇室の費用は、予算に計上して国会の議決を経なければならない」（憲法88条）とされていたことを思い出しましょう。これは天皇のところで勉強しましたのでリマインドです。

2. 予算の種類

予算の種類は、本予算、暫定予算、補正予算の３つがあります。

本予算	４月１日から翌年３月31日まで（一会計年度）執行される予算。一般会計、特別会計、政府関係機関予算は一体として国会の議決を経る必要がある。予算は内閣が作成し（国会議員は作成できない）、衆議院に先に提出して審議・議決する（予算の先議権）。予算は政府が誠実に遵守すべき法的義務を負った行為規範である（予算法形式説）。	
	一般会計	国の一般の歳入・歳出を経理する予算。全省庁の基本的な予算で、歳入のシェアは租税と国債がメインである。歳出のシェアは社会保障関係費が全体の約３分の１を占め（永遠の最大項目）、国債費、地方交付税交付金と続く。
	特別会計（ヘソクリ会計）	特定の歳入と特定の歳出を一般会計と区分して経理する予算。「予算単一の原則」の例外。額が一般会計予算よりも多いのがポイント。
	政府関係機関予算	政府関係機関とは、特別法で設立された全額政府出資の法人で、予算について国会の議決が必要とされるものをいう。
暫定予算	日本国憲法下では、明治憲法下とは異なり、予算が成立しない場合に前年度の予算をそのまま執行することはできない。そこで、何らかの理由により新会計年度開始までに本予算が成立しない場合のつなぎ予算として「暫定予算」の制度が用意された。内閣は国家公務員の給料などの事務経費だけを暫定的に予算に組み込み、国会に承認してもらう（国会の承認が必要）。よって、積極的な公共事業や社会福祉用の経費などは組み込めない。本予算が成立したら吸収されて消滅する。	
補正予算	当初の予算に修正（減額、増額）や追加（組み替え補正）をする予算。国会の承認を得ることで成立する。なお、一会計年度における回数制限はない（第一次補正予算、第二次補正予算……など）。	

3. 財政投融資

財政投融資とは、国の信用等に基づき調達した資金を財源として、社会インフラ、産業・研究開発、中小企業、農林水産業などの、政策的に必要性があるものの、民間金融では困難な長期資金の供給などを可能とする融資活動です。昔は「第二の予算」などといわれましたが、実際の規模は大体13兆円くらいですから予算と比べるとかなり小さいです。郵便貯金や年金積立金を旧大蔵省資金運用部に預託する従来の制度は廃止され、現在では自主運用されることになっているため、財政投融資債（財投債）や財政投融資機関債（財投機関債）を発行して資金調達を行っています。

あくまでも一般会計とは異なり、返済義務があるということだよ。収益性も要求されてくるよね。

▶ 改正前（2001年4月まで）

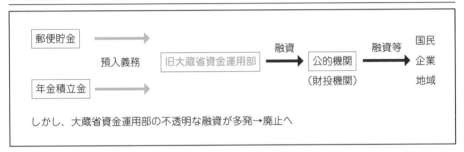

しかし、大蔵省資金運用部の不透明な融資が多発→廃止へ

▶ 改正後（2001年4月以降）

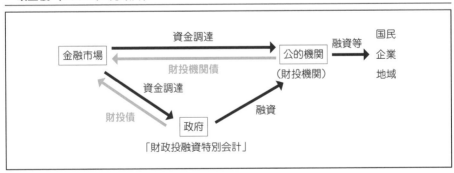

　現在は、公的機関が自ら財投機関債を発行して、それを市中から買ってもらう形で資金を調達します。しかし、信用がない財投機関債は買ってもらえないので、その場合は政府が保証するか、それでもだめなら政府が財投債という国債を発行して資金調達を得て、その資金を公的機関に流すという形で対応することになります。

4. 会計年度独立の原則

　会計年度独立の原則とは、各会計年度の経費はその年度の歳入をもって支弁するべきとして、特定の年度における収入・支出はほかの年度のそれと区分する原則をいいます。しかし、これには例外的な特例が認められており、それが繰越明許費と継続費です。繰越明許費は、年度内にその支出が終わらない見込みのあるものについて、あらかじめ国会の議決を経て、翌年度に繰り越して使うものをいいます。また、継続費は、工事等で完成に数年度を要するものについて、あらかじめ国会の議決を経て、数年度にわたって支出することのできる経費です。

> 継続費は、一会計年度の予算は、その年度内に執行し完結するという予算単年度主義の例外ともされる。

5. 地方の財政

　地方の財政については、国がすべての地方公共団体の予算をとりまとめていて、これを「地方財政計画」と呼びます。これは国の一般会計予算に当たるものですが、規模は国の予算よりも小さいです（10兆円くらい差がある）。基本的に時事でちょっと出てくるくらいなので、気にしなくていいのですが、歳入項目の多いものは覚えておくとよいでしょう。まず一番多いのが地方税（45％程度）です。次に多いのが地方交付税交付金（18％程度）ですね。地方交付税交付金は、地方の財政格差を埋め合わせるために国が支給する補助金みたいなものです。これは一般財源なので、特に使途は決められていません。次にくるのが国庫支出金（17％程度）です。これも国が地方に配っている補助金みたいなものなのですが、ちゃんと使途が特定されている特定財源です。だからあまり使い勝手はよくないですね。

> 地方は自主財源が少なく、4割自治などといわれているよ（昔は3割自治）。

6. 決算

　決算とは、予算の執行がちゃんと計画通り進んだかをチェックした、確定的な計算書です（法規範性なし）。国の収入支出の決算は、毎年会計検査院が検査をし、内閣が次の年度に、その検査報告とともに、国会に提出することになっています。検査をするのは会計検査院、国会に提出するのは内閣と主体

>
> ちなみに、内閣は、ほかにも国会と国民に対し、定期に、少なくとも毎年1回、国の財政状況について報告しなければならないんだ。

がズレているので注意しましょう。国会における決算審査は報告案件なので、仮に国会が承認しなくても、それによって予算の執行が法的に左右されることはありません。

PLAY&TRY

1.　予算は一会計年度の準則であり、法規範性を有せず、行政行為とみなされている。　　　　　　（オリジナル）

1.　×
法規範性を有し、法律とは別個の独自の法形式である（予算法形式説）。

2.　予算は内閣が作成し、衆議院に先に提出して審議・議決されるが、暫定予算や補正予算は国会の議決は不要である。　　　　　　（オリジナル）

2.　×
暫定予算や補正予算も国会の議決が必要である。

3.　予算は会計年度ごとに作成され、新会計年度開始までに成立しないときは、前年度の予算をそのまま執行することができる。　　　　　　（オリジナル）

3.　×
前年度の予算を執行することはできない。暫定予算を組む必要がある。

4.　本予算を変更する場合には、国会の議決を経ずに暫定予算を組むことができる。　　　　　　（オリジナル）

4.　×
国会の議決を経て補正予算を組むことができる。

5.　国会が審議するにあたり、内閣の提出した予算の額を減額したり、増額したりするような修正はできない。　　　　　　（オリジナル）

5.　×
減額したり、増額したりすることは可能である。ただ、増額修正については同一性を損なうような大修正はできない。

6. 予見し難い予算の不足に充てるために、国会の議決に基づいて予備費を設け、内閣の責任で支出することができる。この場合、内閣は事後に国会の承諾を得る必要がある。　　　　　　　　　（オリジナル）

6. ○
そのとおり。
予備費の流れは頻出である。

7. 財政投融資は、郵便貯金や年金積立金が自動的に財源とされていたが、2001年度からは、公的機関が財政投融資機関債を発行して自ら資金調達をしたり、国が財政投融資債を発行して資金調達をしたりする方式に改められた。　　　　　　　　　（オリジナル）

7. ○
そのとおり。
財政投融資は2001年度から方式が変わった。

8. 財政投融資の規模は、毎年一般会計予算と同規模になるため、「第二の予算」と呼ばれている。
　　　　　　　　　　　　　　　　　　　（オリジナル）

8. ×
一般会計予算（100兆円超規模）と比べると微々たるものである。

財布の中身がないっ

22

地方自治

地方自治は憲法を既に学習している人も、初めての人もしっかりと勉強しましょう。
地方自治法の知識も問われるので、難易度の高い問題が出題される傾向にあります。

1. 地方自治の憲法上の定め

1 地方自治の本旨

憲法92条
地方公共団体の組織及び運営に関する事項は、地方自治の本旨に基いて、法律でこれを
定める。

　地方自治に関する規定は、明治憲法にはなく、戦前はすべて法律で制度化されてきま
した。明治維新以降、富国強兵を目指して中央集権の国づくりを
してきたことを思い出せば、当然といえるかもしれません。しか
し、日本国憲法では、「第8章」という項目を設けて、地方自治
に関する条文を整備しました。その一発目がこの92条です。「地
方自治の本旨」とは何か、「法律」とは何か、という点について、
順を追って説明していきます。まず、簡単な方からいくと、「法律」とは、地方自治法を
指します。「条例」ではないので注意しましょう。次に、「地方自治の本旨」ですが、こ
れには2つの意味があります。①住民自治と②団体自治、の2つです。この2つは定義
が試験で出題されます。

地方自治の法的性格
は、制度的保障だよ。
制度の核心、つまり地方
自治の本旨の部分は、
法律でも侵せないんだ。

▶ 住民自治と団体自治

①住民自治
地方自治が住民の意思に基づいて行われるという民主主義的要素。国の議会制民主主
義を補完する役割を果たす。イギリスのブライスが「地方自治は民主主義の学校であ
る」と述べたことは有名。
〈例〉長及び議員の直接選挙（93条2項）、地方自治特別法の住民投票（95条）など。

②団体自治

地方自治が国から独立した団体に委ねられ、団体自らの意思と責任の下において行われるという自由主義的・地方分権的要素。国との関係では、抑制・均衡の役割を果たす。
〈例〉地方議会の設置義務（93条1項）、条例制定権（94条）など。

② 議会の設置と首長公選制

憲法93条

1項　地方公共団体には、法律の定めるところにより、その議事機関として議会を設置する。

2項　地方公共団体の長、その議会の議員及び法律の定めるその他の吏員は、その地方公共団体の住民が、直接これを選挙する。

1項では、地方議会を置きなさいということが義務付けられています。都道府県議会や市町村議会ですね。ただ、これには例外があり、町村（市は除く）においては、条例で、議会を置かずに、その代替として選挙権を有する者の総会を設けることができます。これを「町村総会」といいます。過去1つだけ町村総会が置かれた事例がありますね。

長は、条例の執行、規則の制定、財産管理などの事務を行う。また、長は、議会が議決した事項について異議があるときは、再議に付すことはできる。さらに、議会が長に対して行った不信任決議に対して、議会の解散権を持つ。

2項では、地方公共団体の長（都道府県知事や市町村長）は直接選挙で選びましょうというルールが規定されています。ですから、間接選挙で選ぶことはできません（憲法違反になる）。ここで、特別区が「憲法上」の地方公共団体に当たるのか？ という点が判例で争われたことがあります。判例は、単に法律で地方公共団体として取り扱われているというだけでは足りず、

地方自治法では、都道府県と市町村という「普通地方公共団体」と、特別区、組合、財産区という「特別地方公共団体」に区別しているよ。だから、特別区は地方自治法という法律レベルでは地方公共団体と扱われているんだ。ここで問題となっているのは、あくまでも特別区が「憲法上」の地方公共団体に当たるか？ という点だよ。

①事実上住民が経済的文化的に密接な共同体生活を営み、共同体意識を持っているという社会的基盤が存在し、②沿革的に見ても、また現実の行政の上においても、相当程度の自主立法権、自主行政権、自主財政権等地方公共団体の基本的権能を付与された地域団体であることを必要とする、としています。よって、特別区は93条2項でいう地方公共団体にはあたらないので、区長選任制（間接選挙方式）を採用しても違憲ではないとしました。

❸ 条例制定権

> **憲法94条**
> 地方公共団体は、その財産を管理し、事務を処理し、及び行政を執行する権能を有し、法律の範囲内で条例を制定することができる。

　地方公共団体は、法律の範囲内で条例を制定することができます。ここにいう条例とは、「広義の条例」と呼ばれているもので、地方議会が作る条例だけでなく、長や委員会が作る規則も含まれます。

> 地方自治法上の条例は、地方議会が作るものだけを条例と呼ぶ。これを「狭義の条例」というよ。

　条例は「事務を処理」するために作ることができるわけですが、地方公共団体の事務とは、具体的には①法定受託事務と②自治事務を指します。昔、地方が国からの一般的な指揮監督を受けて行う機関委任事務というものがあったのですが、2000年施行の地方分権一括法で廃止されました。国と地方は上下・主従関係ではなく、対等・協力関係になった

> 国と地方を対等関係に置くというのが主眼。例えば、都道府県や市町村の事務の処理に関して、国が関与（ちょっかい）を及ぼす場合には、法律または政令の根拠が必要となった。これを「関与法定主義」という。

ので、一般的な指揮監督を前提とする機関委任事務は時代に合わなくなったわけですね。では、実際どのような事務が法定受託事務に当たり、自治事務に当たるのでしょうか？次にまとめてみます。

▶ 法定受託事務と自治事務

法定受託事務	国が本来果たすべき役割に係る事務であって、国においてその適正な処理を特に確保する必要があるもの。 〈例〉国政選挙、旅券の交付、国の指定統計、国道の管理、戸籍事務、生活保護など。
自治事務	地方公共団体の処理する事務のうち、法定受託事務を除いたもの。 〈例〉都市計画の決定、病院や薬局の開設許可、介護保険サービス、国民健康保険の給付、児童福祉・老人福祉・障害者福祉サービスなど。

　次に、条例は「法律の範囲内」で制定しなければなりません。法律の範囲を超えたら違法・無効です。問題はそれをどうやって判断するのかですが、この点については判例があります。

> 条例が国の法令に違反するかどうかは、両者の対象事項と規定文言を対比するのみでなく、それぞれの趣旨、目的、内容及び効果を比較し、両者の間に矛盾抵触があるかどうかによって決しなければならない（最大判昭50・9・10、徳島市公安条例事件）。

つまり、表面的に判断するのではなく、中身を見て決めようという話です。よって、法律よりも厳しい基準を定める「上乗せ条例」や法律の適用対象を広げてしまう「横だし条例」も許される場合があります。

最後に、条例で財産権を制限したり、課税したりすることは許されます。条例で刑罰（罰則）を科すことも許されるのですが、そのためには法律の委任（授権）が必要です。

委任（授権）の程度は、相当程度に具体的であり、限定されていれば足りるよ。

❹ 地方自治特別法

憲法95条

一の地方公共団体のみに適用される特別法は、法律の定めるところにより、その地方公共団体の住民の投票においてその過半数の同意を得なければ、国会は、これを制定することができない。

いわゆる地方自治特別法の制定手続に関する条文です。実際には19件あります。細かいようですが、「一の」とは、厳密には一つという意味ではなく、「特定の」という意味です。また、既に存在する特定の地方公共団体に適用されることを意味しているので、特定の「地域」に適用される場合には、地方自治特別法に該当しないと考えられています。

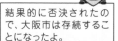

結果的に否決されたので、大阪市は存続することになったよ。

なお、近時、大阪市を解体して特別区を置くための住民投票がありましたが（2020年11月）、あれはここでいう地方自治特別法の住民投票ではありません。「大都市地域特別区設置法」という法律に基づいて行った住民投票です。

なお、ほかにも地方自治への住民参加の手段として、地域の重要な政策決定について、「条例」に基づいて住民投票を行う場合があります。ただ、住民投票の結果には法的な拘束力がありませんので注意しましょう。

2. 地方自治法上の地方公共団体

地方自治法上の地方公共団体は、「普通地方公共団体」（都道府県と市町村）と「特別地方公共団体」（特別区、地方公共団体の組合、財産区）の２つに大別されます。試験的には、特別区が「特別地方公共団体」に位置付けられていることを覚えておきましょう。

▶ 地方自治法上の地方公共団体

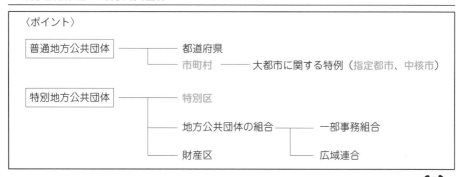

なお、市には「大都市に関する特例」があって、「指定都市」と「中核市」の２つが認められています。「指定都市」とは、人口50万人以上で政令により指定された市です。この指定都市では都道府県の権限が大幅に移譲されますので基礎自治体なのに何でもできてしまいます（都道府県の８〜９割程度）。ちなみに、全国では20市しかありません。指定都市には、条例で、その区域を分けて行政区を設けることになっています。行政区は特別区とは異なり、独立の法人格を有するものではなく、単なる行政区画にすぎません。一方、「中核市」とは、人口20万人以上で政令により指定された市です。最近は中核市移行を市の目玉政策として掲げる自治体が増えていますよね。

> 俗に政令指定都市とか政令市と呼ばれているものだよ。

3. 地方税と地方債

地方公共団体の財政は非常に厳しいものとなっています。自主財源比率は、都市部では８割を超えるところもありますが、地方部では２割を割り込むところもあり、かなりの格差があります。全体では6割弱です。このような中、各地方公共団体は独自に条例を定めて税金をとることができます。それが法定外税です。種類は２種類あり、法定外普通税（使途が限定されていない）と法定外目的税（使途が限定されている）がありま

す。また、地方債の発行も認められていますね。次にまとめてみましょう。

▶ **地方税と地方債**

地方税	法定外普通税（地方分権一括法で許可制から総務大臣の同意を要する協議制へ） 法定外目的税（地方分権一括法で新設され、総務大臣の同意を要する協議制を採用）
地方債	2006年度から許可制から総務大臣または知事との協議制へ ※2012年度から、一定の基準を満たす税制が健全な地方公共団体については、原則として、協議不要の事前届出制へ

なお、2000年代の小泉純一郎内閣時の「三位一体改革」は超頻出です。これは、地方の自立を促すために、国庫補助負担金の廃止・削減、地方交付税の削減、国税から地方税への税源移譲の3つを一体として行う改革です。しかし、税源移譲が中途半端であり、地方交付税の大幅な削減が地方を疲弊させてしまいました。一応、リマインドです。

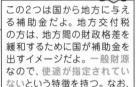

この2つは国から地方に与える補助金だよ。地方交付税の方は、地方間の財政格差を緩和するために国が補助金を出すイメージだよ。一般財源なので、使途が指定されていないという特徴を持つ。なお、東京都のようにもらっていない団体もある（不交付団体）。

4. 直接請求

地方自治法では、住民が一定の事項を直接請求することができる制度を設けています。ただ、単独ではできず、一定の連署要件（署名を集める）を満たす必要があります。その種類としては、①条例の制定・改廃請求、②事務監査請求、③議会の解散請求、④議員、長の解職請求、⑤主要公務員の解職請求、の5つです。

①②をイニシアチブ（住民発案）、③〜⑤をリコールというよ。ほかにも、レファレンダムという言葉があるけど、これは住民投票を指すよね。

▶ 直接請求の種類

直接請求	連署要件	請求先	請求後の措置	備考
①条例の制定・改廃請求	選挙権を有する者の総数の50分の1以上の者の連署	長	①長は、請求を受理した日から20日以内に議会を招集 ②議会に付議	地方税の賦課徴収並びに分担金、使用料及び手数料の徴収などお金が絡む条例の制定・改廃は不可
②事務監査請求	選挙権を有する者の総数の50分の1以上の者の連署	監査委員	監査委員が監査	
③議会の解散請求	選挙権を有する者の総数の3分の1以上の者の連署	選挙管理委員会	①選挙人の投票 ②過半数の同意 ③解散	議会議員選挙、解散投票の日から1年間は不可
④議員・長の解職請求	選挙権を有する者の総数の3分の1以上の者の連署	選挙管理委員会	①選挙人の投票 ②過半数の同意 ③失職	就職、解職投票の日から1年間は不可
⑤主要公務員(副知事・副市町村長・指定都市の総合区長・選挙管理委員・監査委員・公安委員会の委員)の解職請求	選挙権を有する者の総数の3分の1以上の者の連署	長	①議会に付議 ②議員の3分の2以上の者が出席し、かつ4分の3以上の者の同意 ③失職	副知事・副市町村長、指定都市の総合区長は、就職、解職議決の日から1年間は不可 選挙管理委員、監査委員、公安委員会の委員は、就職、解職議決の日から6か月間は不可

直接請求は、連署要件、請求先、請求後の措置をちゃんと覚えれば怖くありません。まず連署要件ですが、①条例の制定・改廃請求と②事務監査請求は、「50分の1以上」の連署で足ります。しかし、③議会の解散請求、④議員・長の解職請求、⑤主要公務員の解職請求は、リコールを求めているわけで、かなりの大事です。人の地位を奪う効果につながりますので、厳格に「3分の1以上」の連署が要求されます。

> でも、正直「3分の1」というのは厳格すぎるので、選挙権を有する者の総数が40万人を超える場合には、要件の緩和措置が用意されているよ。

次に、請求先です。③議会の解散請求、④議員・長の解職請求の場合は、「選挙管理委員会」に請求します。これは、議会にしても、議員・長にしてもすべて選挙で選ばれた人たち（あるいはその集まり）ですから、選挙管理委員会に請求することになっています。その上で住民投票を行うわけですね。一方、①条例の制定・改廃請求、⑤主要公務員の解職請求の請求先は「長」です。これは、条例の署名・公布権限を持っているのが長であるということや、主要公務員が長の任命で選ばれていることに由来します。ただ、この場合は、長がその後の手続を勝手に行うのはまずいので、住民の代表である議会に付議することになっています。

PLAY&TRY

1. 住民自治とは、地方自治が国から独立した団体に委ねられ、団体自らの意思と責任の下で行われることを指す。 （特別区 H26改題）

   1. ×
   「住民自治」ではなく、「団体自治」の誤り。

2. 日本国憲法は、地方公共団体の組織や運営に関する事項は地方自治の本旨に基づいて法律で定めるとしているが、この地方自治の本旨は、住民の意思に基づいて地方の政治や行政を行うという団体自治が含まれる。 （国家総合職 H29改題）

   2. ×
   「団体自治」ではなく、「住民自治」の誤り。

3. 地方公共団体は、法律の範囲内で条例を制定することができるので、条例で違反者に罰金刑を科すことができるが、懲役刑又は禁錮刑を科すことはできない。 （国税専門官H23改題）

3. ×
条例に違反した者に対し、2年以下の懲役若しくは禁錮、100万円以下の罰金、拘留、科料若しくは没収の刑又は5万円以下の過料を科する旨の規定を設けることができる。

4. 条例とは、地方議会の議決により成立する地方公共団体の法規であり、国の法律よりも厳しい規制を定める「上乗せ条例」の成立には、憲法の規定により、議会の議決に加えて住民投票（レファレンダム）で過半数の同意が必要である。 （国家一般職R2）

4. ×
住民投票は不要である。なお、住民投票のことをレファレンダムというので、この用語は覚えておいた方がいい。

5. 一の地方公共団体のみに適用される特別法は、その地方公共団体の住民の投票において3分の2以上の同意がなければ、国会で可決されたとしても法律として成立しない。 （国家総合職H29改題）

5. ×
「3分の2以上」ではなく、「過半数」である。

6. 住民参加については、憲法95条の地方自治特別法の住民投票（レファレンダム）のほかにも、条例に基づいて住民の意思を問う住民投票などがある。 （国家一般職H27改題）

6. ○
そのとおり。
条例に基づく住民投票は、法的拘束力がないので注意しよう。

7. 地方公共団体の事務は、地方自治法上、機関委任事務及び自治事務、法律によって地方公共団体が受託している法定受託事務に分けられる。 （国家一般職H21改題）

7. ×
機関委任事務は2000年に廃止された。

8. 地方分権一括法によって、機関委任事務が廃止され、地方公共団体の責任で処理する自治事務と、本来は国の事務であるが地方公共団体に委託して実施する法定受託事務に整理された。都市計画の決定や国道の管理、生活保護の決定は、自治事務の例である。

（国税専門官H23改題）

8. ×
都市計画の決定は自治事務の例であるが、国道の管理や生活保護の決定は法定受託事務の例である。

9. 法定受託事務としては、戸籍事務、国政選挙、旅券の交付などがある。一方、自治事務は、法定受託事務以外のものをいい、都市計画の決定、病院や薬局の開設許可などがある。

（国家総合職H29改題）

9. ○
そのとおり。
自治事務は、控除的な定義になっている点がポイント。

10. 地方自治法で定められている特別地方公共団体は、特別区、地方公共団体の組合、財産区の３つである。

（特別区H26改題）

10. ○
そのとおり。
なお、組合はさらに一部事務組合と広域連合に分かれる。

11. 指定都市は、人口30万人以上で政令によって指定された市であり、都道府県の権限が大幅に移譲されている。

（オリジナル）

11. ×
「人口50万人以上」である。

12. 地方交付税は、地方公共団体間の財政格差をなくすことを目的として国から支給される一般財源であるが、不交付団体は存在しない。

（オリジナル）

12. ×
不交付団体もある。

13. 地方議会の議員の任期は４年であるが、住民による直接請求で有権者の一定数の署名をもって議会の解散を請求することができる。また、議会が首長の不信任案を可決した場合、首長は議会を解散することができる。

（国家一般職R２）

13. ○
そのとおり。
なお、議会の解散請求は、選挙権を有する者の総数の３分の１以上の者の連署によって、選挙管理委員会に対してする。

14. 地方自治法では、有権者は、地方公共団体の議会の
議員の解職を求める直接請求を行うことができる。
この場合、解職を求める住民投票が行われ、その結
果過半数の同意があったときは、当該議員は失職す
る。　　　　　　　　　　　　　　　　（裁判所職員 H30改題）

14. ○
そのとおり。
連署要件や請求先につい
ても併せて覚えていこう。

15. 地方公共団体の長及び議会の議員は、その地方公共
団体の住民の直接選挙で選ばれる。また、地方公共
団体の住民は、その総数の10分の１以上の者の連署
をもって、選挙管理委員会に対し、その地方公共団
体の長又は議会の議員の解職を請求することができ
る。　　　　　　　　　　　　　　　　（国家総合職 H29改題）

15. ×
「10分の１以上」ではな
く、「３分の１以上」の
誤り。

16. 地方自治法では、住民による直接請求が規定されて
いるが、条例の制定・改廃請求は、選挙権を有する
者の３分の１以上の連署によって、選挙管理委員会
に対して行うことができる。
　　　　　　　　　　　　　　　　　　（国家一般職 H27改題）

16. ×
「50分の１以上」の誤り。
また、「長」に対して行う。

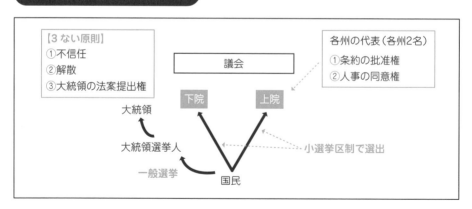

23

重要度★★★　頻出度★★★

各国の政治制度

毎年どこかで必ず出題される頻出テーマです。時事的な話題と一緒になって
出てくることもあるので、時事と一緒に勉強するとより効果的です。

1. 権力分立

　各国の政治制度は、多くの国で権力分立制が採用されています。確かに、中国のように権力集中制（民主集中制）を採用している国もあるにはありますが、先進国の中では少数派ですね。権力分立には、ロックの二権分立をベースにしたイギリスの「議院内閣制」とモンテスキューの厳格な三権分立をベースにしたアメリカの「大統領制」が有名です。そこで、まずは、このイギリスとアメリカの政治制度を理解することから始めるとよいでしょう。

『法の精神』という本を
書いたんだったよね。

2. アメリカの大統領制

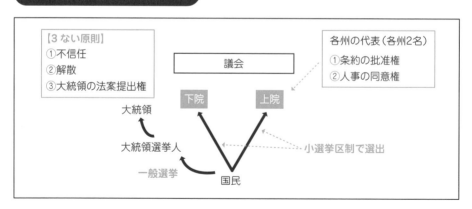

　アメリカは厳格な三権分立を採用し、大統領制で国を運営しています。アメリカは連邦制の国なので、50州が一つひとつ国と同じ扱いになります。ですから、50個の国が集まって、アメリカ合衆国となっている、というイメージで考えておけばとりあえずOKです。

1 連邦議会

連邦議会には、上院と下院がありますが、上院は州の代表で、各州2名が選挙で選ばれます。任期は6年ですが、2年ごとに3分の1ずつ改選することになっています。また、権限としては条約の批准権や人事の同意権を持つため、結構強いのです。一方、下院は金銭法案先議権を持ちます。任期は2年ですね。自由と平等の国アメリカ、というだけあって、下院優越の原則は妥当しません。法案審議という意味では両院対等です。

2 大統領

大統領は間接選挙で選ばれます。これをまずは押さえましょう。18歳以上の有権者（有権者登録が必要）は、一般投票で大統領選挙人を選び、その大統領選挙人が大統領を選挙で選ぶ感じになっています。ただ実際は、一般投票で全米の538人の大統領選挙人のうち、270人以上を獲得した候補者がそのまま大統領になるので、実質的には直接選挙に近いといわれます。ただ、試験は試験。間接選挙で選ばれるということを覚えましょう。

基本的に世界のほとんどの国が18歳以上だよ。グローバルスタンダードなんだ。

大統領選挙人の数は、州ごとに違うよ。例えば、カリフォルニアは55名、テキサスは38名、アラスカは3名など。

大統領の任期は4年、三選は禁止となっています。ですから、2期8年までしか務めることができません。また、大統領は議員との兼職が禁止されています。したがって、議員だった人が大統領になるためには、議員を辞めなければなりません。

大統領の権限はさまざまありますが、試験的に重要なのは、①法案提出権がない、②下院の解散権がない、③拒否権がある、などの知識です。①については、議会に対して教書を出

法案及び予算案を議会に提出できないという意味だよ。

すことは可能なので注意しましょう。一般教書、予算教書などの形で、議会に「○○の法律を作ってくれ〜」と勧告することはできるわけです。②については、そもそも下院は大統領に対して、不信任決議を突きつけることができません。ですから、その対抗手段としての解散も制度的に認められていません。③は、議会の可決した法律に対して署名を拒否することができます。しかし拒否権を出すことはできても、拒否権は万能ではありません。具体的には、上下両院で3分の2以上の多数で再議決されてしまえば、拒否権は乗り越えられてしまいます。これを「オーバーライド」といいます。なお、大統領は非行を犯すと弾劾裁判で罷免されることがあり得ます。罷免された人はいませんが、罷免されそうになった人は何人かいますね（ジョンソン、クリントン、トランプ）。

3 裁判所

裁判所は違憲審査権を持っている、ということを押さえましょう。しかし、これは合衆国憲法に規定されておらず、「マーベリー対マディソン事件」の際のマーシャル判決が先例となっているだけです。つまり、アメリカの違憲審査権はいわば判例法理でできあがったものなのです。違憲審査の法的性質は、日本と同じく、付随的審査制です。

日本国憲法では、81条に規定があるよ。

3. イギリスの議院内閣制

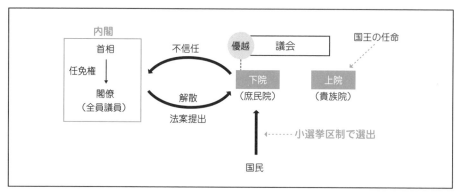

イギリスは、議会主権と呼ばれるくらい議会の権威が高い国です。つまり、万能の議会を持つ国がイギリスです。一点の曇りもない議会優位の議院内閣制をとっているわけです。国王はいますが、その権限は名目的なものになりますね。

内閣が議会に対して、連帯責任を負う仕組みになっている。イギリスの議会は「アリーナ型議会」と呼ばれていて、議員同士の論戦が繰り広げられる。一方、アメリカの議会は「変換型議会」と呼ばれているよ。議論はあまり活発でなく、むしろ妥協や修正の場というイメージが強いね。

1 議会

イギリスの議会は上院（貴族院）と下院（庶民院）からなります。試験的には上院が非民選議員であることを覚えておきましょう。貴族称号を持っていないとなれないので、任命制で定数不定、終身の身分が与えられています。下院は庶民院というくらいですから、民選議員です。任期は5年で定数は650人。直接選挙（小選挙区制）で選ばれます。民意を反映している機関といえるため、議会法で下院優越の原則が採用されています。また、イギリス

憲法じゃないから注意しよう。そもそもイギリスは不文憲法の国で、憲法典はないんだ。伝統的に慣習などのコモン・ローや歴史的文書を重視しているので、それらが総合的に憲法の役割を果たしているよ。

は、**本会議中心主義の国**で、委員会はありますが、法案審議の中心は本会議です。この点はアメリカ（日本も）の委員会中心主義とはだいぶ違いますね。

2 内閣

　首相（内閣総理大臣）は、**下院第一党の党首がそのまま国王によって任命**されます。日本のような指名はありません。「そのまま」というのがポイントです。主な権限としては、下院の解散権、国王への助言、国務大臣（閣僚）の任免権などがあります。イギリスの国務大臣は<u>全員議員</u>でなければなりません。これは議会主権の表れで、「議会に議席を持っていない人が内閣の仕事なんてできないよね」というノリだと思います。また、野党幹部は政権交代に備えて、「**影の内閣**」（シャドウ・キャビネット）を作ります。

> 日本は「過半数が国会議員」であればいいんだよね。これは議会主権をとっていないからだよ。

3 司法

　以前は上院所属の「法服貴族」が最高裁判所の役目を果たしていましたが、2009年から**最高裁判所が置かれています**。ただ、違憲立法審査権は採用されていません。

4. フランスの半大統領制

　議会は**上院（元老院）**と**下院（国民議会）**の二院制です。フランスには、大統領と首相が両方いるのですが、**大統領の権限の方が大きい**ですね。なぜなら**国民の直接選挙**で選ばれているからです（任期は5年で連続三選禁止）。民意が直接反映されているため、**強大な権限**を持つというわけです（**半大統領制**）。しかも、中途半端では当選できません。**2回投票制**という制度が導入されていて、1回目の投票で有効投票数の過半数を獲得した候補がいなければ、上位2名で決選投票（2回目の投票）を行うという仕組みが採られています。大統領の具体的な権限は、**下院の解散権、非常大権、国民投票付託権**、首相や閣僚の任免権、**閣議の主宰権**など、です。一方、フランスの首相は、慣例で下院多数党から大統領が任命することになっているので、大統領の政党と首相の政党がズレることがあります。これを「**コアビタシオン**」（保革共存政権）と呼びます。正直、行政運営はやりにくいでしょうね。

> ロシアも半大統領制だよ。大統領が国民の直接選挙で選ばれるので、首相よりも強い。大統領任期は6年だよ。

▶ フランスの半大統領制

強 大統領 ＞ **弱** 首相
→直接選挙

---

5. ドイツの議院内閣制

　議会は、上院（連邦参議院）と下院（連邦議会）の二院制で
す。下院は国民の直接選挙で選ばれますが、上院は各16州の代表
なので、選挙はありません。ドイツには、フランスと同じよう
に、大統領と首相がいます。しかし、大統領はバリバリの間接選挙で選ばれているので、
基本的に形式的・儀礼的な存在です。むしろ下院の過半数で指名される首相（宰相）の
権限が強いですね。宰相民主主義と呼ばれるくらい、首相の権限が強いと思っておきま
しょう。具体的には、閣僚の任免権や閣議の主宰権、実質的な解散権などがあります。
また、下院は首相に対する不信任権を持ちますが、後任の首相を指名しておかないと、
不信任を出せません。これを「建設的不信任制度」といいます。要するに、簡単には不
信任は出せないわけです。司法はちょっと変わっていて、通常の司法裁判所のほかに連
邦憲法裁判所が置かれています。ここでは抽象的審査制が採られています。

> 小選挙区比例代表併用制で選ぶよ。比例代表に小選挙区の要素を加味した選挙だよ。

▶ ドイツの議院内閣制

弱 大統領 ＜ **強** 首相(＝宰相)
→間接選挙

---

6. 中国の権力集中制（民主集中制）

　中国はあまり正解肢になっているところを見たことがありません
が、一応、解説しておきます。この国は権力集中制（民主集中制）を
採用していて、毎年1回開催される全国人民代表大会（全人代）が最
高機関かつ立法機関となっています。しかも、国家主席や国務院総
理、最高人民法院の判事の人事は、全人代が握っています。ですか
ら、これらの人たちを国民の「直接選挙」で選ぶ的な肢はすべて×で
す。なお、2018年に憲法が改正され、国家主席の連続三選禁止規定
が廃止されました。これにより、再選制限がなくなりました。

> 一院制を採用して、議員は約3000名いる。任期は5年だよ。

> 国家主席は、中国の国家元首だよ。また、国務院総理は首相だよ。

PLAY&TRY

1. アメリカの大統領は、議会に対して法案及び予算案の提出をする権限を有し、議会が可決した法案の署名を拒否することができる。　　　　　　（オリジナル）

2. アメリカの大統領は、議会に議席を有していなければならず、議会による不信任決議に対して解散権を行使することができる。　　　　　　（オリジナル）

3. アメリカの下院は、条約を批准する権能を有する。　　　　　　　　　　（オリジナル）

4. アメリカの大統領は、在任中に非行を犯しても、議会から罷免されることはない。　　（オリジナル）

5. アメリカでは、連邦裁判所に違憲審査権が認められていない。　　　　（国家総合職R2改題）

6. イギリスの首相は、上院の多数の議席を占める政党の党首が指名され、首相は上院の解散権を有している。　　　　　　　　　　（オリジナル）

7. イギリスの議会は、非民選の上院（貴族院）と民選の下院（庶民院）から成り、首相には、下院で多数を占める政党の党首が選ばれる。下院では、二大政党が政権獲得を目指しているが、野党となった政党は、影の内閣（シャドー・キャビネット）を組織して政権交代に備える。　　（国家総合職R2改題）

8. 議院内閣制を採用するイギリスでは、政権を担当できなかった野党は、「影の内閣」を組織し、次期政権を担う準備をする。 （東京都R2）

8. ○
そのとおり。
イギリスの二大政党制の特徴である。

9. フランスの大統領は、大きな権限を有しておらず、専ら儀礼的・形式的な権限のみを有している。 （国家総合職R2改題）

9. ×
フランスの大統領は強大な権限を有している。

10. フランス及びロシアの大統領は、議院内閣制のもとで議会を中心に選出され、名目的・儀礼的な権限しかもたない。 （東京都R2）

10. ×
フランス及びロシアは半大統領制の国で、大統領は直接選挙で選ばれる。それゆえ強大な権限を有する。

11. ドイツでは、半大統領制が採用されており、大統領は国民による直接選挙で選出されているため、強大な権限を有する。 （オリジナル）

11. ×
フランスの誤り。ドイツの大統領は間接選挙で選ばれているため、形式的・儀礼的な権限のみを有する。

12. 中国では、国家の最高機関である一院制の全国人民代表大会（全人代）が年2回開催される。また、全人代の議員の任期は3年である。 （国家総合職R2改題）

12. ×
全人代は年1回3月に開催される。また、全人代の議員の任期は5年である。

13. 中国では、全国民の意思は中国共産党に集約しているため、立法府に当たるものは存在しない。 （東京都R2）

13. ×
全国人民代表大会がある。

中国とロシア 憲法改正で 長期政権化？

長期政権は今や国際的なブームなのか？

　近時、世界では長期政権を実現させるための憲法改正が流行っています。例えば、中国は2018年に憲法を改正して、国家主席の任期を「2期10年まで」とする憲法の条文を削除しました。これによって、長期の政権維持が可能となり、習近平国家主席への求心力が一層高まることが予想されます。これに呼応する形でロシアでも2020年に憲法改正が行われました。ロシアの大統領任期は6年で、従前は連続2期までしか務めることができなかったわけですが、これを2期に限定するとしつつ、改憲前の任期を算入しない方式に変えたわけです。これにより、プーチン大統領は2024年の任期満了後もさらに2期、つまり12年間もの間トップであり続けることが可能となりました。ロシアの大統領選挙は国民による直接選挙なので、必ずプーチン氏が当選するとは限りませんが、国内では圧倒的な人気があるだけに、向かうところ敵なし状態です。

24 国際連盟・国際連合

重要度 ★★★　頻出度 ★★★

国際関係で一番出題されるテーマです。それぞれの特徴を押さえれば
そんなに難しくありません。確実に1点ゲットしましょう。

1. 勢力均衡論と集団安全保障

　国際関係の幕開けは、**1648年**の**ウェストファリア条約**だといわれます。これは、世界史でも勉強しますが、**ドイツ三十年戦争**終結の条約です。ここで開かれたウェストファリア会議は初の国際会議でした。このウェストファリア条約によって、**主権国家が成立**し（**主権国家体制の確立**）、**勢力均衡論**で戦争を抑止しようという考え方が主流になっていきました。ここで、勢力均衡論とは、大国同士のパワーを均衡させることにより、バランスをとり**抑止力**を働かせる考え方です。バランス・オブ・パワー

> 三国同盟（ドイツ、オーストリア、イタリア）と三国協商（イギリス、フランス、ロシア）みたいなものが典型的だよ。

などと呼ばれることもありますね。ただ、これはそもそも敵と味方に分かれて抑止力を働かせる考え方であるため、バランスが崩れると容易に戦争が起きてしまいます。それが第一次世界大戦だったわけですね。この勢力均衡論では、第一次世界大戦を食い止めることができませんでした。そこで、第一次世界大戦後に登場するのが、**集団安全保障**という枠組みです。これは敵とか味方とかは関係なく、すべて同じ組織に属してもらい、その中の一国が暴走したら、ほかの国がまとまって、その暴走した国を止めにかかるという考え方です。**国際連盟**や**国際連合**がこれに当たりますね。

▶ 勢力均衡論と集団安全保障

2. 国際連盟

国際連盟は、第一次世界大戦後にパリ講和会議でヴェルサイユ条約を締結する際に、アメリカのウィルソン大統領が提唱したある原則に端を発するものです。それは「平和原則14か条」です。これに基づき国際連盟が成立し、世界初の集団安全保障の枠組みが誕生しました。本部はスイスのジュネーブ、原加盟国42か国でスタートしました。ところが、この国際連盟は欠点だらけで、結局第二次世界大戦を阻止することはできませんでした。失敗に終わったといっていいでしょう。じゃあ、その欠点は何だったのか、次にまとめておきます。試験では頻出ですから絶対に覚えてください。

> 国際連盟の生みの親はカントだよ。彼は『永久（永遠）平和のために』の中で国際平和機構の必要性を述べた。これをウィルソン大統領が体現したんだね。組織としては、総会、理事会（イギリス、フランス、日本、イタリアの4か国が当初の常任理事国）、常設国際司法裁判所（オランダのハーグに設置）があった。

▶ 国際連盟の欠点

①総会や理事会の決議が全会一致で運用されていて、機能不全に陥った。

②アメリカは上院の否決で終始加盟せず。ソ連やドイツも加盟がかなり遅れた（ソ連は1934年に加盟し1939年に除名、ドイツは1926年に加盟し1933年に脱退）。

> 日本は1933年に脱退、イタリアも1937年に脱退……という感じで、脱退が相次いだ。

③制裁として用意されていたのは経済制裁のみ（イタリアのエチオピア侵攻に対して出された）。軍事的制裁を行うことができなかった。

④総会や理事会の決議は勧告にとどまり、法的な拘束力がなかった。

3. 国際連合

1 成立までの流れ

▶ 成立までの流れ（アウトライン）

1941年8月	大西洋憲章（米・英）で普遍的な国際平和機構の必要性を合意
1944年8〜10月	ダンバートン・オークス会議（米・英・ソ・中）で国際連合憲章の原案を作成

1945年2月	ヤルタ会談（米・英・ソ）で大国一致の原則（拒否権）を認める
1945年4〜6月	サンフランシスコ会議で国際連合憲章を採択（国連憲章第1条には差別禁止を明記）。
1945年10月	国際連合が発足（本部：ニューヨーク、原加盟国は戦勝国側の51カ国→現在193か国）

現在193か国体制ですから、世界のほとんどの国が加盟していることになります。ちなみに、日本は1956年に日ソ共同宣言を結んだ後に加盟しました（それまではソ連が拒否権を発動していて入れなかった）。最近の加盟国でいうと、191番目が東ティモール（ポルトガル→インドネシア→独立）、192番目がモンテネグロ、193番目が南スーダン（南北包括和平合意（CPA）に基づく住民投票で独立）となっています。国際連合の財政は、加盟国が支払う国連分担金で賄われています。この国連分担金は各国の経済力に応じて決められていて、日本は長らくアメリカに次ぐ2位の分担金負担国として君臨してきました。しかし近時、中国に追い抜かれてしまいました。

北朝鮮もスイスも加盟しているよ。なお、加盟していないのはパレスチナ、バチカン市国、台湾、コソボだよ。よく試験で出題されているね。

② 国際連合の組織

①総会

193か国の全加盟国が参加する枠組みで、決議は一国一票の原則が採用されています。そのうえで、一般事項は過半数、重要事項は3分の2以上の多数で決めます。ただ、総会の決議は「勧告」にとどまりますので、法的拘束力がないという限界があります。種類としては、通常総会、特別総会、緊急特別総会がありますね。

例えば、国際平和と安全の維持に関する勧告や新加盟国の承認の議決などがあるよ。

②安全保障理事会（安保理）

15か国で構成される平和と安全を維持する機関です。常任理事国は、アメリカ、イギリス、フランス、ロシア、中国の5か国です。一方、非常任理事国は10か国あり、任期は2年となっています。総会の選挙で半数ずつ改選する仕組みになっていて、連続再選が禁止されています。決議は、手続事項が9理事国以上の賛成、実質事項が5常任理事国を含む9理事国以

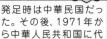

発足時は中華民国だった。その後、1971年から中華人民共和国に代表権がシフトしたんだよ。

安全保障理事会の決議には法的拘束力があるよ。

上の賛成で決まります。これはつまるところ、実質事項については、5常任理事国に「拒否権」があるということを意味しています。なお、よくひっかけで出てくる知識として、国連軍があります。安全保障理事会は国連加盟国と協定を結んで国連軍を組織することができるのですが、いまだかつて正式な国連軍が組織されたことはありません。大体×肢で出てくるのですが、頭の片隅にでも入れておきましょう。

③経済社会理事会

54か国で構成され、国際連合や専門機関、その他各種機関の経済社会活動を調整する機関で、任期は3年です。ここでは15の国連専門機関と連携しているという知識が重要です。国連専門機関は試験でも出題されますので、よく聞かれているものだけ表にしてまとめておきます。

理事会は地理的配分に基づいて割り当てられている。

WTO（世界貿易機関）やIAEA（国際原子力機関）は有名だけど、国連専門機関じゃないよ。

IMF (国際通貨基金)	国際金融の安定と、国際通貨協力を推進する機関。ブレトンウッズ協定に基づき創設された。国際収支赤字国に対する短期融資を担当している。出資額に応じた多数決制を採用。
IBRD (国際復興開発銀行)	いわゆる「世界銀行グループ」の初期の頃からの機関。IMFと同じく、ブレトンウッズ協定に基づき創設された。開発途上国に対する長期融資を担当している。出資額に応じた多数決制を採用。
ILO (国際労働機関)	労働条件を改善し、働く権利を促進する機関。1919年に設立された古い機関である。各国の政府代表と使用者代表、労働者代表の3者構成により審議をし、意思決定をする。
WHO (世界保健機関)	全ての人々が可能な最高の健康水準に到達することを目的とする機関。保健事業の強化や感染症対策を行う。
UNESCO (国連教育科学文化機関)	教育、科学、文化の協力と交流を通じて、国際平和と人類の福祉の促進を目的とした機関。世界遺産の登録活動で有名である。世界遺産には、文化遺産、自然遺産、複合遺産の3つがある。
FAO (国連食糧農業機関)	世界経済の発展及び人類の飢餓からの解放を目指す機関。

UPU （万国郵便連合）	郵政サービスの普遍的なアクセスを目指す機関。1874年に設立されたので歴史が古い。

④国際司法裁判所（ICJ）

　国際連盟時代の常設国際司法裁判所を引き継いだ機関で、国家を裁く裁判所として設置されています。本部はオランダのハーグ。判決には法的拘束力がありますが、当事国の双方の同意がなければ裁判を始めることができません。つまり「強制的管轄権」がありません。

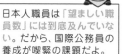

個人の重大犯罪を裁く裁判所としては、国際刑事裁判所（ICC）があるよ。ローマ規程に基づいていて、2003年オランダのハーグに発足したんだ。日本は2007年に加入した。

⑤信託統治理事会

　地域の自治・独立に向けた支援を行う機関です。ただ、1994年のパラオの独立をもって事実上その役割を終えたとされます。

⑥事務局

　国連の日常業務を遂行する機関です。国連職員は約4万人います。事務総長の任期は5年で、再選も可能です。2017年からアントニオ・グテーレス氏（元ポルトガル首相）が事務総長を務めています。

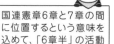

日本人職員は「望ましい職員数」には到底及んでいない。だから、国際公務員の養成が喫緊の課題だよ。

4. 国連平和維持活動（PKO）

　国連平和維持活動には、大きくPKF（国連平和維持軍）と監視団（停戦監視、選挙監視）があります。PKFは軽武装した軍ではありますが、国連軍とは別物なので注意しましょう。そして、PKOの根拠が国連憲章に置かれていない点にも注意が必要です。つまり、慣行を通じて形成されてきたのです。なお、PKOを派遣するには、紛争当事国の同意（受入れ同意）を得なければなりません。勝手に入っていってはいけません。

国連憲章6章と7章の間に位置するという意味を込めて、「6章半」の活動とされることがあるよ。

PLAY&TRY

1. 国際社会の諸問題に取り組むために組織を作る構想は、既に18世紀に生まれていた。哲学者のグロティウスは、『戦争と平和の法』の中で、国際平和機構の構想を示している。　（国家一般職H27改題）

1. ×
「カント」の誤り。また、『永久（永遠）平和のために』の誤り。

2. 国際連盟は、第一次世界大戦後の国際協調の中心となったが、アメリカの不参加や、総会や理事会の議決方式として全会一致の原則を採っていたこと等もあり、十分に機能せず、第二次世界大戦を食い止めることができなかった。　（国家一般職H27改題）

2. ○
そのとおり。
制裁が経済制裁のみであった点も覚えておこう。

3. 安全保障理事会は、常任理事国5か国と、総会の選挙で選ばれる任期5年の非常任理事国10か国で構成されている。　（国税専門官H28改題）

3. ×
非常任理事国の任期は2年である。

4. 国際連合の安全保障理事会の決議は多数決で行われ、全ての事項に関し、常任理事国が拒否権を行使することができる。　（国税専門官H28改題）

4. ×
実質事項のみ拒否権の行使が認められる。

5. 国際連合の総会の決議は、国際連盟と同様、多数決で行われ、各国は国連分担金の拠出額に応じた票数の投票権を持つ。　（国税専門官H28改題）

5. ×
各国は一国一票の投票権を持つ。なお、国際連盟の決議は全会一致であった。

6. 国際連盟の制裁措置は、経済制裁だけでなく軍事制裁も予定していた。　（国税専門官H28改題）

6. ×
国際連盟の制裁措置は、経済制裁に限られていた。

7. 世界保健機関（WHO）は国連専門機関であるが、世界貿易機関（WTO）は国連専門機関ではない。

（オリジナル）

7. ○
そのとおり。
2つは英語表記が似ているので注意しよう。

8. 信託統治理事会は、2011年の南スーダンの独立を
もってその使命を終えたとされる。 （オリジナル）

8. ×
1994年の「パラオ」の独立の誤り。

9. 国際司法裁判所は、重大犯罪を行った個人も当事者
となるが、国家が当事者となった場合には、当事国
の合意がなければ裁判は成立しない。

（オリジナル）

9. ×
国際司法裁判所は、国家が当事者となる。重大犯罪を行った個人が当事者となるのは国際刑事裁判所である。

10. 国際司法裁判所は、当事国から合意を得た上で裁判
を始めることができるが、その判決は、当事国に対
する法的拘束力を持たない。 （東京都H29）

10. ×
当事国に対する法的拘束力を持つ。

ボクの夢は
事務総長だよ。
グローバルなパンダに
なるんだ

日本が常任理事国入りを果たす日は来るのか？

　安全保障理事会の非常任理事国は、常任理事国とは異なりメンバーが固定されていません。任期2年で、その都度総会で選出されるわけです。実際は地域ごとに配分が決まっており、アジア・太平洋2か国、アフリカ3か国、東欧1か国、ラテンアメリカ・カリブ2か国、西欧その他2か国となっています。日本はこれまで非常任理事国に11回当選していて、これは加盟国のうち最多となります。このような経緯から、そろそろ常任理事国入りしてもいいのでは？　といわれることが多いのも事実です。しかし、なかなかそのハードルは高いわけですね。実は日本と同じように常任理事国入りをめざしている国はほかにもあります。ドイツ、インド、ブラジルです。日本はこれらの国でG4というグループを作って常任理事国入りを模索しています。

25

重要度★★　頻出度★★★

地域紛争

地理や国際関係でも出題されることがあります。
宗教や民族、地政学的な見地から争いが起こることが多いです。

1. 中東

　中東戦争は試験に出る機会が多いので、厚めに解説していきます。もともとの火種は、第一次世界大戦の時に、イギリスが、フサイン・マクマホン協定（1915年）で、アラブ人に対して民族国家建設を約束しつつ、バルフォア宣言（1917年）でユダヤ人の国家建設を約束するいわゆる「二枚舌外交」を展開したことに起因しています。第二次世界大戦後には中東戦争が４回起こりました。

①第一次中東戦争（1948〜49年）

　国連でパレスチナ分割決議があり、1948年にユダヤ人の国家としてイスラエルが建国されましたが、周辺のアラブ諸国がこれに反発し、戦闘状態へ突入しました。結果、イスラエルの勝利で終わっています。

②第二次中東戦争（1956年）

　「スエズ動乱」ともいわれています。エジプトのナセル大統領がスエズ運河国有化宣言を出したことから、これに対してスエズ運河に権益を持っていたイギリスがフランス、イスラエルと共にエジプトを攻撃しました。結局、三国は国際世論に押されて撤退し、スエズ運河はエジプトが所有することになりました。

③第三次中東戦争（1967年）

　イスラエルがエジプト・シリア・ヨルダンを攻撃しました。1967年６月５日から10日にかけて行われたので「６日間戦争」と呼ぶことがあります。その結果、イスラエルは、エジプトからシナイ半島とガザ地区、シリアからゴラン高原、ヨルダンからヨルダン川西岸地区と東エルサレムを一方的に奪い占領しました。イスラエルの勝利で終わっ

たわけです。

④第四次中東戦争（1973年）

　エジプトとシリアが第三次で奪われた領土をイスラエルから奪い返すためイスラエルを奇襲攻撃しました。こ

当時の大統領は、ナセル大統領を継承したサダト大統領だった。

のとき、OAPEC（アラブ石油輸出国機構）がイスラエルを支援する国へダメージを与えるため、原油輸出を停止したり制限したりしました（石油戦略）。これにより第一次石油危機が発生しました。結果的に国連安全保障理事会の決議を受け入れて停戦となりました。

⑤キャンプ・デービッド合意（1978年）

　アメリカのカーター大統領のあっせんで、エジプトのサダト大統領とイスラエルのベギン首相の間で合意が成立しました。翌年には、エジプト＝イスラエル平和条約が締結されました。そして、シナイ半島はエジプトに返還されました。

⑥オスロ合意（1993年）

　PLO（パレスチナ解放機構）とイスラエルが調印した合意です。イスラエルのラビン首相とPLOのアラファト議長との間で「パレスチナ暫定自治協定」が結ばれました。互いの存在を尊重することで中東和平を実現させました。それ以降、パレスチナはヨルダン川西岸地区とガザ地区でパレスチナ暫定自治政府（PA）を樹立しました。独立したわけではないので注意しましょう。

ヨルダン川西岸地区はPLOのファタハが支配していて、一方のガザ地区はイスラム原理主義の武装勢力ハマスが勢力を伸ばした。2014年には、両者は連立内閣を再び発足させたよ。

⑦クルド人問題

　トルコ、イラク、イラン、シリアの国境山岳地帯にまたがって居住している「国家を持たない最大の民族」です。その数は推計3000万人に上るともいわれています。

⑧イラン革命

　1979年に、シーア派のホメイニが指導したイラン革命によってパーレビ王政が倒れ、イスラム教シーア派の大国イラン・イスラーム共和国が誕生しました。この革命を機に一時原油生産がストップしてしまい、第二次石油危機が起こりました。また、アメリカ大使館人質事件をきっかけに、アメリカはイランと断交してしまったので、いまだに仲

が悪いですね。

⑨イラク戦争

　2003年に、大量破壊兵器の保有疑惑をかけてアメリカ主体の有志連合がイラク攻撃を開始しました。結果、フセイン政権は崩壊しました。

2. 欧米

①北アイルランド紛争

　イギリスの北アイルランドで少数派のカトリック教徒（過激派組織IRA）がイギリスから分離独立し、隣国のアイルランドに帰属することを求めて武力攻撃をしてきました。ですが、1998年に和平合意が成立しています。

> アイルランドは、カトリックの多い国だよ。

②バスク問題

　スペインのバスク地方の独立をめぐる問題です。バスク地方は1979年に自治権が認められて、バスク自治州となったわけですが、武装集団が独立を主張しています。

③チェチェン紛争

　チェチェン共和国では、イスラム系住民であるチェチェン人が1991年にロシア連邦から独立を宣言したのですが、ロシアが軍事介入しました。

④ユーゴスラビア紛争

　旧ユーゴスラビア（ボスニア・ヘルツェゴビナ、クロアチア、マケドニア、モンテネグロ、セルビア、スロベニア、コソボ）は第二次世界大戦後、カリスマであるティトーの下で社会主義国家として運営されてきました。しかし、ティトー

> 旧ユーゴスラビアの多民族国家を表す言葉として、「7つの国境、6つの共和国、5つの民族、4つの言語、3つの宗教、2つの文字、1つの国家」というものがある。

が死んで冷戦が終結すると、セルビアを中心にユーゴスラビアから分立しようという動きが加速しました。

　コソボ紛争では、セルビアの南部にあるコソボ自治州の独立を目指すアルバニア人（イスラム教徒）とそれに反対するセルビア人の対立が続きました。コソボは2008年に独立を宣言したのですが、いまだに中国やロシアが国家として承認していません。

⑤ケベックの分離独立運動

　カナダのケベック州はフランス語圏となっていて、カナダからの分離・独立運動を度々起こしています。

3. アジア

①ロヒンギャ問題

　仏教徒が多数を占めるミャンマーで、イスラム教徒のロヒンギャ族が弾圧を受け、隣国バングラデシュ（イスラム教国）に逃れて難民キャンプで生活しているようです。ロヒンギャに対する迫害は、大量虐殺などを禁じたジェノサイド条約に違反しているとされ、国際司法裁判所にも提訴されました。

②カシミール紛争

　インド（ヒンズー教）とパキスタン（イスラム教）によるカシミール地方の領有をめぐる争いです。これまで3度にわたる印パ戦争が行われました。現在はこの地域の真ん中に停戦ラインがあります。

1971年の3回目はパキスタンからバングラデシュが独立したよ。

③スリランカ

　スリランカでは、1980年代から、多数派である仏教徒のシンハラ人と少数派であるヒンズー教徒のタミル人とが争ってきました。タミル人は武装組織「タミル・イーラム解放の虎」（LTTE）などをつくって分離独立を要求し、過激なテロなどを起こしていました。ようやく2009年に内戦は終結しました。

スリランカは1948年に英連邦自治領「セイロン」として独立したんだ。

4. アフリカ

①スーダン内戦

　南北の問題と西部の問題を二元的に押さえるのがポイントです。まず、北部の政府（アラブ人主体）がイスラム法を導入したことに対して、南部のキリスト教徒（黒人）が反発して南北問題が起こりました。そこで、南部は2011年に南スーダンとして独立しました。一方、2003年から西部ダルフール地方でアラブ系民兵によるアフリカ系住民への襲撃が多発し、多数の難民が発生しました。これを「ダルフール紛争」と呼びます。

②ルワンダ内戦

　歴史的には少数派のツチ族が多数派のフツ族を支配してきたのですが、1994年に**フツ族によるツチ族の大量虐殺が発生**しました。これはアフリカ史上最悪といわれています。なお、現在はITなどの海外投資を呼び込み、高い経済成長を続けています。

> アフリカの優等生と呼ばれているよ。

③ビアフラ内戦

　1967年、**ナイジェリア**のイボ人を主体とした東部州がビアフラ共和国として分離・独立を宣言しました。これにより政府との間で内戦となりました。結果的にビアフラが降伏しました。

④アパルトヘイト

　アパルトヘイトは、**南アフリカ**でとられてきた人種隔離政策です。現在は廃止されています。1994年には黒人初の大統領（**ネルソン・マンデラ**）が誕生しました。

⑤アラブの春

　2011年に**チュニジア**で民主化運動が起こり、当時の**ベン・アリ政権**が崩壊したのがきっかけとなり、Facebookを通じて世界に拡散されて、民主化ブームが生まれました。これを「**アラブの春**」といいます。この流れは止まらず、お隣**リビア**でも首都トリポリが陥落し**カダフィ政権**が崩壊、さらに**エジプト**でも**ムバラク政権が崩壊**しました。しかし、シリアのアサド政権は崩壊しませんでした。

PLAY&TRY

1. ユダヤ人は、1948年、パレスチナにイスラエルを建国した。これに対してアラブ側が反発し4次にわたる中東戦争が勃発し、第3次中東戦争ではイスラエルはヨルダン川西岸地区とガザ地区を占領したが、1993年にパレスチナ暫定自治協定が成立した。

（特別区 H28改題）

1. ○
そのとおり。
1993年に「オスロ合意」が成立した。

2. ヨルダンは、1948年にパレスチナに建国されたが、これを認めない周辺諸国と4次にわたる中東戦争を戦った。　　　　　　　　　（東京都H28改題）

2.　×
「ヨルダン」ではなく「イスラエル」の誤り。

3. イラクでは、ヨーロッパ型の近代化を強行してきた王政が1979年に起こった革命によって倒れ、イスラームに基づく共和国に移行した。　（東京都H28改題）

3.　×
「イラク」ではなく、「イラン」の誤り。

4. イランは、大量破壊兵器の保有疑惑に対し、国連の査察へ協力が不十分だったことなどから、2003年にアメリカ等の攻撃を受け、フセイン政権が崩壊した。　　　　　　　　　（東京都H28改題）

4.　×
「イラン」ではなく、「イラク」の誤り。

5. エジプトでは、2011年、「アラブの春」と呼ばれる反独裁を掲げ民主化を求める運動により、ムバラク政権が崩壊した。　　　　　　（東京都H28改題）

5.　○
そのとおり。
きっかけはチュニジアのベン・アリ政権の崩壊であった。

6. 北アイルランド紛争とは、北アイルランドに住む少数派のプロテスタント系住民が、イギリスからの分離独立を求めて起こしたものである。　（東京都R1）

6.　×
少数派のカトリック系住民がイギリスからの分離独立を求めた。

7. チェチェン紛争とは、スラブ系住民が大半を占めるチェチェン共和国が1980年代に独立を宣言後、ロシアがチェチェンに軍事介入したものである。　　　　　　　　　（東京都R1）

7.　×
チェチェン共和国の独立宣言は1991年であり、イスラム系住民が大半を占めている。

8. チェチェン人は、トルコ、イラン、イラク、シリアの国境山岳地帯に古くから居住する民族であり、独自の国家を持たない世界最大の民族といわれている。　　　　　　　　（特別区H28改題）

8.　×
「チェチェン人」ではなく、「クルド人」の誤り。

9. コソボは、アルバニアの自治州であったが、2008年にアルバニアからの独立を宣言した。

(特別区 H28改題)

9. ×
セルビアからの独立を宣言した。

10. ミャンマーに住むロヒンギャ族は主にヒンドゥー教徒であり、以前より、ミャンマーで大多数を占める仏教徒と対立していた。ミャンマーの民政移管後も対立は続き、多くのロヒンギャ族がインドのアッサム地方へ逃れて難民となっている。国連は、2018年に難民の帰還計画を立て、我が国の自衛隊を含む国連PKO部隊をミャンマーに派遣している。

(国税専門官R1)

10. ×
ロヒンギャ族はイスラム教徒である。また、ロヒンギャ族はバングラデシュへ逃れた。さらに、国連PKO部隊は派遣されていない。

11. インドとパキスタンは、イギリスからの分離独立後、カシミール地方の帰属を巡って争い、両国の間では、1970年代までに三度に渡る印パ戦争が起きた。

(東京都R1)

11. ○
そのとおり。
カシミール紛争についての説明として正しい。

12. 南アフリカ共和国では、長年アパルトヘイト政策のもと少数の白人が黒人を支配していたが、公民権法が成立し、ネルソン・マンデラが黒人初の大統領となった。

(特別区 H28改題)

12. ×
公民権法は公民権運動の流れの中でアメリカにて成立した法律である。

地政学的見地？
難しいわね

26

重要度 ★★　頻出度 ★★

国際経済機関と地域経済統合

ここでは、国際経済機関と地域経済統合を見ていきます。
時事と絡めてよく出題されているので、基本事項だけは押さえるようにしましょう。

1. 国際経済機関

　1944年のブレトンウッズ体制の枠組みとして、貿易については、GATT（関税及び貿易に関する一般協定）が締結されました。目的は貿易の自由化（関税の引下げや非関税障壁の撤廃など）です。自由、無差別、多角を基本原則として、ラウンド交渉を積み

> 本当は、国際機関を作りたかったんだけど、無理だったので多国間協定締結という形になった。日本は1955年に加盟したよ。

重ねました。ケネディラウンド、東京ラウンドでは工業製品をメインに関税を引き下げていきました。ウルグアイラウンドでは、知的財産権やサービス分野、農業分野を扱ったことやWTO（世界貿易機関）の設立合意などで有名です。そして1995年、ついにマラケシュ協定によりGATTを継承する貿易機関、WTOができあがりました。引き続き、知的財産権、サービス分野、農業分野を扱うとともに、紛争解決機能を強化するために、ネガティブ・コンセンサス方式を導入した点が特徴的です。ところが、2001年から始まったドーハ

> すべての加盟国による反対がなければ採択されるという方式だよ。

ラウンドでいきなり交渉が難航し、今に至ります。あまりうまくいっていないのです。このように、WTOによる多国間の貿易ルール作りは難航していることもあり、各国は、二国間や地域間のFTA/EPA（後述）の締結に舵を切っています。WTOは164の国と地域で構成され

> 2001年に中国、2012年にロシアが加盟したよ。

ているため、機動性がないのですね。

2. OECD、G7・G20

1 OECD（経済協力開発機構）

　世界の主要国が加盟し、経済協力全般について協議することを目的とした国際機関です。もともとはアメリカによる戦後の欧州復興支援策（マーシャル・プラン）の受入れ

体制を整備するための機関でしたが、それが1961年に改組されました。現在は37か国が加盟していて、アジアでは日本と韓国が加盟しています。

❷ G7・G20

G7は、先進7か国財務相・中央銀行総裁会議のことで、日本、アメリカ、イギリス、フランス、ドイツ、イタリア、カナダの7か国の枠組みです。一方、G20は、G7に、13か国・地域を加えた枠組みです。13か国・地域とは、アルゼンチン、オーストラリア、ブラジル、中国、インド、インドネシア、韓国、メキシコ、ロシア、サウジアラビア、南アフリカ、トルコ、欧州連合・欧州中央銀行のことです。

3. 地域経済統合

地域経済統合としては、FTA（自由貿易協定）やEPA（経済連携協定）が有名です。関税を引き下げて貿易を円滑にするのがFTAですが、これに投資、競争、人の移動の円滑化などのオプションを追加するとEPAになるというイメージです。正直、この違いは試験的にはどうでもいい話なので、最近はFTA/EPAと記載するケースもあります。日本も2002年のシンガポールを皮切りにFTA/EPAを拡大してきました。なかでも、インドネシア、フィリピン、ベトナムとのEPAは、看護師・介護福祉士を日本に受け入れることも含まれています。最近だと2019年にEUと2021年にイギリスとのEPAが発効しましたね。

❶ EU（欧州連合）

EUの歴史は、フランスのシューマン外相が提唱したシューマン・プランから始まりました。これはフランスとドイツの間で石炭や鉄鋼を共同で管理しようという試みでした。これにほかの国も賛同し、欧州石炭鉄鋼共同体（ECSC）が発足しました。その後、欧州経済共同体（EEC）と欧州原子力共同体（EURATOM）もできあがり、これらを統合する形で1967年にできあがったのがEC（欧州共同体）です。ポイントは当初はイギリスが不在だったということです。イギリスは加盟が遅れてしまい、1973年になってようやく加盟しました。そして、1993年にはマーストリヒト条約の発効によりEU（欧州連合）になります。2004年に一時欧州憲法を作ろうという機運が生

2004年に中東欧諸国10か国が一気に加盟したんだ。そうしたこともあって憲法を作ろうとなったんだ。

まれましたが、2005年に**フランス**と**オランダ**が国民投票で否決をしたため、結局頓挫してしまい、その代わりとして2009年に**リスボン条約**が結ばれました。これにより**欧州理事会の常任議長職（EU大統領）**が創設されました。なお、EUは**現在27か国体制**で運営しています。これまで拡大に拡大を重ねて28か国体制まで膨れ

> EUに加盟していない国は、スイス、アイスランド、トルコ、ノルウェーなどだよ。また、EU加盟国だけどユーロを使っていない国もあるよ。デンマークやスウェーデンなどだ。ユーロは1999年から決済用通貨として、2002年から市場用通貨として使われるようになったよ。

上がりましたが（2013年にクロアチアが加盟して28か国へ）、2020年1月31日をもって**イギリスがEUを離脱**してしまったのです。

2 USMCA（米国・メキシコ・カナダ協定）

もともとEUに対抗するために**アメリカ、メキシコ、カナダ**が設立したのが**NAFTA（北米自由貿易協定）**なのですが、これに代わる新協定として誕生したのがUSMCAです。2020年7月に発効しました。

3 APEC（アジア太平洋経済協力）

開かれた地域主義を掲げるアジア・太平洋の**21の国と地域**による**緩やかな経済協力の枠組み**です。1989年に、**オーストラリアのホーク首相**の提唱により開催され始まりました。もちろん、日本やアメリカは設立当初から参加しています。

4 CPTPP（TPP11）

もともと**環太平洋経済連携協定（TPP）**発効に向けて関係国が動いていたのですが、アメリカが抜けてしまったので、**アメリカを除く**11か国の間で2018年に発効した経済連携協定です。関税の引下げや貿易・投資の自由化、公正な通商ルールを作ることを目指しています。

PLAY&TRY

1. 世界貿易機関（WTO）は、関税及び貿易に関する一般協定（GATT）を継承、発展させてできあがった国際機関であり、ウルグアイラウンドの最終合意を受けて設立された。 　　　　　　　　（オリジナル）

   1. ○
   そのとおり。
   1995年にマラケシュ協定により設立された。

2. WTOのドーハラウンドは2001年から始まり、全ての事項について早い段階で妥結に至った。 　　　　　　　　（オリジナル）

   2. ×
   交渉が難航した。

3. 経済協力開発機構（OECD）は、世界の主要国が加盟し、経済協力全般について協議することを目的とした国際機関であり、アジアでは日本と中国が加盟国となっている。 　　（国税専門官H25改題）

   3. ×
   日本と韓国が加盟国となっている。

4. 日本のFTA/EPAは、2002年のタイから始まって、現在に至るまで資本主義国との間でのみ締結してきた。 　　　　　　　　（オリジナル）

   4. ×
   「シンガポール」の誤り。また、日本はベトナムなど社会主義の国とも締結してきた。

5. EUは、2004年に大統領制の導入などを盛り込んだEU憲法を採択した。同憲法は、フランスやオランダなどの国民投票で可決され発効した。 　　（国家総合職H27改題）

   5. ×
   フランスとオランダは国民投票で否決した。よって発効しなかった。

6. EUは、発足以来、その加盟国の数を増やしてきた。ところが、2020年1月にイギリスが離脱したことで加盟国は27か国となった。EU未加盟国はほかにもスイス、ノルウェー、トルコなどがある。 　　（国家総合職H27改題）

   6. ○
   そのとおり。
   イギリスの離脱は覚えておこう。

7. アジア太平洋経済協力（APEC）は、貿易と投資の
自由化、経済・技術協力等を基本理念とした経済協
力の枠組みであり、日本やアメリカは2000年代に
なってから加盟した。 （国税専門官H27改題）

7. ×
日本やアメリカは当初から
加盟していた。

結びついて
みんなwin-win

27

国際金融体制

外国為替市場をめぐる歴史は、試験で頻出です。
簡単な流れだけ押さえておけば、試験では対応できます。

1. 国際金融体制の流れ

1 ブレトンウッズ協定（1944年）

ブレトンウッズ協定では、次の3つのことが決められました。

①国際通貨基金（IMF）の設立→短期融資を担当

②国際復興開発銀行（IBRD）の設立→長期融資を担当

③固定相場制の採用→1ドル＝360円（ドッジ・ライン）

　ブレトンウッズ協定に基づいて、戦後の国際金融体制が確立していきました（ブレトンウッズ体制）。具体的には、アメリカがドルと金の交換を保証し、ドルを基軸通貨とすることによって安定成長をもたらしてきました（金ドル本位制）。ちなみに、日本は1952年にIMFへ加盟し、この時は、貿易赤字を理由に為替制限が許される「IMF14条国」に指定されたのですが、その後1964年にこれが許されない「IMF8条国」に移行していきます。

2 ニクソン・ショック

　1960年代後半から、アメリカはベトナム戦争の泥沼化により財政が悪化してしまい、次第にドルの価値は下落していきました（ドル危機）。当然、ドルを金に換えてくれ～という要求が多くなってきます。これに耐えきれなくなったアメリカは、1971年にニクソン大統領が金とドルの交換停止を発表しました。電撃発表だったので「ニクソン・ショック」と呼ばれています。その上で、輸入を抑制するために輸入課徴金（10％）を課すなどをしたため、結果的に一時変動相場制へ移行する事態ともなりました。これにて、安定的に運用してきたブレトンウッズ体制は崩壊したわけです。

> 変動相場制への移行をニクソン大統領が発表したわけではないよ。

❸ スミソニアン協定

　一時的な変動相場制を 1 ドル＝308円の固定相場制に戻しました。ドルの切下げや変動幅の拡大により何とか戻した感じですね。でも、アメリカの財政赤字は依然として厳しい状況のままでした。

❹ 主要先進国の変動相場制移行

　1973年には、日本も含めた世界の主要先進国は変動相場制に移行しました。結局スミソニアン体制も 2 年しかもたなかったわけですね。管理通貨制度の下、ドルも不換紙幣となったわけで、基軸通貨としての信用が落ち、価格も下落していってしまいます。ちなみに、1973年はその後第一次石油危機が起きてしまい、世界がパニック状態になった年でもありますね。

❺ キングストン合意

　主要先進国は既に1973年の段階で変動相場制に移行したわけですが、これを正式に承認したのが1976年のキングストン合意です。これにて金の廃貨が決定され、SDRを中心的な準備通貨とすることが決められました。変動相場制になった後は、大規模な為替介入（協調介入）が度々行われています。例えば、ドル高をドル安に是正するためのプラザ合意（1985年）が有名ですね。おかげで日本は円高不況に見舞われました。

> 1969 年 に、固定相場制の下、補完的な国際準備資産として IMF によって創設された特別引出権。お金を引き出す権利って意味だね。SDR を持っていれば、いざというときに、通貨バスケットからお金を融通してもらえるんだ。

2. 為替相場変動の影響

　例えば、輸出が多くなったり、金利が海外に比べ高かったり、物価水準が低下したりするとドルを円に換える需要が高まるため、円高になります。逆に輸入が増えたり、金利が海外に比べ低かったり、物価水準が上昇したりすると円をドルに換える需要が高まるため、円安になります。
　そして、円高は輸入には有利に働きますが、輸出にとっては不利ですね。円が高いわけですから、例えば100円の物を買う際にはより多くのドルを払わなければならなくなるわけです（輸出はあまりできない）。一方、円安は輸出にとっては有利に働きますが、輸入にとっては不利です。円が安いわけですから、例えば100円の物を買う際にはほんの少し

> 円高の場合は、日本人の海外旅行者数が増える傾向にあるよ。また、円をドルで積み立てておこうとする人が増えるね（外貨預金だよ）。

のドルを払えばいいわけです。それゆえ日本製品が割安に感じるわけで、どんどん買ってくれます（ガンガン輸出できる）。そして、日本の戦後経済成長は、まさに固定相場制の下、円安の恩恵を受け、良質な日本製品を輸出する形をとってきたわけですね。ただ、変動相場制だと、円安だからといって調子に乗ってガンガン輸出していると、円高になってしまいます。そうなると自ずと輸出もできなくなってしまいますね。これは次のような因果になるからです。

このように変動相場制だと貿易収支等の不均衡をただす（安定化）効果を持つが、完全に不均衡が解消されるわけではないよ。

▶ 円安だからといって輸出を続けると？

輸出を増やす→支払いのために円が買われる→円高になる＝輸出ができなくなる……

　このように、円高になると通常は輸出がしづらく、輸入しやすい状態になるので、貿易収支の黒字は減少する（あるいは赤字になる）はずです。しかし、円高なのに貿易黒字が一時的に増加するようなことがあります。これを「Jカーブ」といいます。

PLAY&TRY

1. 第二次世界大戦後の国際経済秩序であるブレトン＝ウッズ体制の下で、国際通貨基金（IMF）などの国際機関の設立と同時期に変動為替相場制が導入された。また、同体制を支えるため、金とドルの交換が停止されるとともに、米国のドルが基軸通貨とされた。
（国家一般職Ｒ２）

1. ×
変動為替相場制が導入されたのは主要国で1973年、正式に承認されたのが1976年である。IMF設立は1945年なので、同時期とはいえない。

2. アメリカのニクソン大統領が、金とドルとの交換停止を発表したことから、先進国はスミソニアン協定により、固定為替相場制から変動為替相場制に移行した。
（特別区H24改題）

2. ×
スミソニアン協定により1ドル＝308円の固定相場制に戻った。

3. 1970年代初頭、米国の経済力が他の先進諸国を圧倒し、金準備高も増大していく中、米国は、ベトナム戦争への介入を契機として、金とドルの交換を保証したため、外国為替市場は安定に向かった。

（国家一般職R2）

3. ×
金とドルの交換を停止した。これにより、外国為替市場は一時変動相場制へと移行した。

4. 1970年代末、外国為替市場では為替投機が活発化したため、固定為替相場制を維持することが困難となり、主要各国はスミソニアン協定を結び変動為替相場制に移行した。また、為替相場の安定化に伴い、IMF加盟国が担保なしに通貨を引き出せる特別引出権（SDR）制度は廃止された。

（国家一般職R2）

4. ×
「キングストン合意」により、変動為替相場制に移行した。また、特別引出権（SDR）を中心的な準備通貨とした。

5. レーガン政権の下で拡大したアメリカの貿易赤字に対処するため、ドル高を是正することで一致したルーブル合意が成立し、日本は円高不況に陥った。

（特別区H24改題）

5. ×
「プラザ合意」の誤り。

6. 1980年代前半、米国は、国内の金利の上昇に伴いドル高となり、経常収支が赤字となった。このため、1980年代半ばに主要先進国の間でプラザ合意が交わされ、ドル高を是正するため各国が協調して為替介入が行われることとなった。 （国家一般職R2）

6. 〇
そのとおり。
結果的に日本は円高不況となった。

7. 円安が進行すると、日本の輸出にとっては有利になるが、輸入にとっては不利になる。 （オリジナル）

7. 〇
そのとおり。
円安と円高の影響は一応押さえておこう

8. 輸出が増加すると、減価につながり、輸入に不利になる。 （オリジナル）

8. ×
輸出が増加すると、増価（円高）になり、輸出に不利になる。

28

日本経済史

戦後の日本の経済史は政治史とも関係するため、汎用性のあるテーマです。
歴史を学ぶのが嫌いな人はキーワードに反応できるようにしましょう。

1. インフレーションとデフレーション

インフレーション（インフレ）は継続的な物価の上昇を意味し、デフレーション（デフレ）は継続的な物価の下落を意味します。インフレとデフレの影響を次にまとめてみます。試験でも出題されることがあるので、さらっと確認して次に参りましょう。

▶ インフレとデフレの影響

インフレーション	物価が上がり、貨幣価値が下落する
	→実物資産（不動産など）を保有する者にとっては有利
	→固定給で働く労働者や年金生活者にとっては不利
	→債権者にとっては不利だが、債務者にとっては有利
デフレーション	物価が下がり、貨幣価値が上昇する
	→実物資産（不動産など）を保有する者にとっては不利
	→固定給で働く労働者や年金生活者にとっては有利
	→債権者にとっては有利だが、債務者にとっては不利

　なお、デフレで物価が下落→企業収益が減少→労働者の賃金が低下→購買力が低下→デフレで物価がさらに低下→企業収益が減少……となっていくと、「デフレ・スパイラル」になってしまいます。デフレがデフレを呼ぶ悪循環ということですね。また、通常、インフレは好況期の現象として説明されますが、不況なのに物価上昇、つまりインフレも進んでしまう現象が稀に起きます。これを「スタグフレーション」といいます。景気停滞を表すスタグネーションと物価上昇を表すインフレーションを掛け合わせた造語です。ちなみに、日本では1973年の第一次石油危機の時に起きました。

2. インフレーションの種類

　インフレーションの種類は、程度や原因に基づいて分類されます。これも簡単にまとめてみますので、一読してください。

▶ **インフレーションの種類**

【程度（速度）による分類】

クリーピング・インフレーション：年率数％の緩やかなインフレーション。

ギャロッピング・インフレーション：年率10〜数十％の馬の早足的なインフレーション。

ハイパー・インフレーション：物価が短期間に急激に上昇するインフレーション。戦争や社会不安などが原因で起こる。

【原因による分類】

ディマンド・プル・インフレーション：需要が増えて起こるインフレーション。供給が追い付かなくなる（物不足）。

コスト・プッシュ・インフレーション：供給側のコスト（原材料費の上昇や人件費の上昇などの生産コスト）が増大し、価格に転嫁されて（物の値段を上げる）起こるインフレーション。

3. 日本の経済史

1 1940年代後半

　戦後、GHQは日本で経済の民主化政策を行いました。これはマッカーサーの五大改革指令の柱でした。3つあるのですが、まずは財閥解体です。1946年に持株会社整理委員会を発足させ、1947年に独占禁止法と過度経済力集中排除法を作りました。2つ目は農地改革。これは2回にわたって行われました。特に第二次農地改革では、1946年に自作農創設特別措置法を制定した上で行われました。ただ、結果的に寄生地主制が解体し自作農はできたものの、零細農家が増えてしまい、生産性は低いままでした。3つ目は、労働関係の民主化です。これにより、立て続けに労働三法が作られました。具体的には、1945年に労働組合法、1946年に労働関係調整法、1947年に労働基準法が作られました。「組・関・基」と覚えましょう。

　戦後の日本政府は、石炭・鉄鋼・電力などの基幹産業に集中投資をして、これらを立

ち直らせることによって他産業の復興をけん引してもら
おうと考えました。これを「傾斜生産方式」といいま
す。しかし、日本銀行が債券を引き受けたため、インフ
レになってしまいました。これに対して、政府は「経済
安定9原則」を発表するとともに、1ドル＝360円の単
一為替レートを決めました。これが「ドッジ・ライン」です。ただ、インフレは収束し
たものの、今度はデフレになってしまったのです（ドッジ・デフレ）。

アメリカが示した日本のやるべき
経済政策パッケージ。予算の均衡
や賃金安定、物価統制など9原則
が含まれていたんだ。これを具体
化したのが「ドッジ・ライン」だよ。

2 高度経済成長期

　ドッジ・ラインによる不況から脱することができたのは、朝鮮戦争による特需があっ
たからです。日本は物資をアメリカに提供する係だったわけで、これが需要を下支えし
たのです。この朝鮮特需があったから、その後の高度経済成長にスッと移行することが
できました。
　日本の高度経済成長期は、1955年から73年の第一次石油危機の勃発までです。順を
追ってみていきましょう。

神武景気 （1955〜1957年）	1956年の経済白書で「もはや戦後ではない」と書かれた。 →三種の神器（白黒テレビ、洗濯機、冷蔵庫）などの耐久消費財が 　売れた。
岩戸景気 （1958〜1961年）	1960年の経済白書で「投資が投資を呼ぶ」と書かれた。 →設備投資が増加した。池田勇人内閣が10年間でGNPを倍増さ 　せるという「所得倍増計画」を発表した（7年で達成）。
オリンピック景気 （1962〜1964年）	1964年の東京オリンピックに向けたインフラ整備が特徴。 →東海道新幹線、首都高速道路などの建設投資が増加。
いざなぎ景気 （1965〜1970年）	57か月の長期の好景気で1968年にはGNPが西側諸国で第2位 となる（日本は2010年に中国に抜かれたがそれまでは2位だっ た）。輸出主導型なのが特徴。 →3C［カラーテレビ、クーラー、カー（自動車）］の耐久消費財も 　売れた。これを「新三種の神器」と呼ぶ。

❸ 高度経済成長期の終焉

　日本の高度経済成長に陰りが見えてきたのは、1971年のニクソン・ショックあたりからです。アメリカがいきなり金とドルの交換停止をしたことで一時変動相場制になってしまいます。その後、スミソニアン協定で１ドル＝308円の固定相場制になりましたが、それも1973年までしか続きませんでした。1973年には日本を含め主要先進国がこぞって変動相場制に移行してしまったのです。そんな中、第四次中東戦争がきっかけで第一次石油危機が起こりました。OAPEC（アラブ石油輸出国機構）による石油戦略によって原油価格が４倍まで跳ね上がり、狂乱物価と呼ばれる激しいインフレが発生してしまいます。これにて日本の高度経済成長は終焉。翌1974年は戦後初めてのマイナス成長（マイナス1.2％）を記録し、スタグフレーションの状態になってしまいます。

> 不況なのにインフレが起こる状態のことだよ。景気が止まる原因となるよ。リマインドね。

　なお、その後日本は、1979年のイラン革命を契機に勃発した第二次石油危機を経験し、一時貿易収支の黒字が減少しましたが、省エネルギー技術の開発が進んだこともあって、むしろ国際競争力がつきました。結果1981年には黒字幅は拡大に転じました。

❹ プラザ合意とバブル景気

　1980年代は、日本経済は堅調だったわけですが、1985年に状況が一転する出来事がありました。それが「プラザ合意」です。試験的には超超超頻出なので、ここで改めて確認しましょう。具体的には、日本、アメリカ、イギリス、フランス、西ドイツのＧ５（先進５か国蔵相・中央銀行総裁会議）の場で、ドル高を是正しドル安へもっていくことに合意したというものです（協調介入）。もちろん円高に誘導されると、日本としては輸出が滞るわけで、円高不況を招きました。これに対して、日本銀行は公定歩合を過去最低の2.5％に引き下げて対応しました。金融緩和ですね。しかし、皮肉にもこれがバブル経済の引き金になったわけです。過剰な融資によって遊休資産が株式や土地などの投資に回されました。その結果、株や土地の価格が実力以上に上がってしまい、バブルとなったわけです。

> 1987年には、急激な円高・ドル安に歯止めをかけることを目的として「ルーブル合意」をしたんだ。ひっかけに注意しよう。

❺ バブル崩壊～リーマン・ショック

　バブル景気に対しては、日本銀行が金融引締め（公定歩合を一気に引き上げた）を行ったわけですが、急激にやりすぎたため失敗してしまいます。また、土地基本法を作って

地価税を導入したり、不動産融資総量規制を実施して、不動産投資に対する融資をストップしたりしたため、一気に株価・地価が暴落しました。

これにて1990年代初頭にバブルが崩壊しました。その後の約10年は経済があまりよくなかったので、「失われた10年」と呼ばれています。具体的には、長期にわたり資産価値の下落や消費者物価の低迷に悩まされました。

バブル崩壊後の1990年代を指す言葉だよ。しかし、その後も日本経済は低成長だったので、2010年代初頭までを含めて「失われた20年」と呼ぶことがあるね。

また併せて巨額の不良債権問題が発生し、証券会社や銀行が破綻するなど金融システム不安も深刻化しました。そして、雇用も悪化。失業率も増加傾向で推移したのです。しかし、そんな中、日本銀行は2001年から2006年まで量的金融緩和を行いました。一応、そのかいもあってか2002年2月から2008年2月まで続く「いざなみ景気」をもたらしたのですが、低成長すぎてあまり実感がわきませんでしたね。その後はいわゆるリーマン・ショックが起こったため、日本は再びデフレになってしまうわけです。

4. 景気循環

　景気は、回復→好況→後退→不況→回復→好況→後退……という感じで、波を打ちながら循環します。そして、この景気は1周回って帰ってくるまでの周期（期間）の長短の観点から4つの循環に分類されます。それぞれ原因も押さえておくとよいですよ。次に簡単にまとめておきます。

▶ 景気循環の4類型

名称	周期（期間）	原因
キチンの波（循環）	約40か月（約3～4年）	在庫投資
ジュグラーの波（循環）→メジャーサイクルといわれている	約10年	設備投資
クズネッツの波（循環）	約20年	建設投資
コンドラチェフの波（循環）	約50年	技術革新（イノベーション）、戦争や革命

5. 経済成長率の計算

　経済成長とは、GDPが前年よりも成長していることを指します。ただ、経済成長とともに物価も変動しますので、物価の変動を考慮しないで計算する経済成長率を「名目経済成長率」、物価の変動を考慮して計算する経済成長率を「実質経済成長率」といいます。見た目上の経済成長率が名目経済成長率、中身の経済成長率が実質経済成長率だと思っておくとよいと思います。物価の安いデフレ期は、実質経済成長率＞名目経済成長率となります。中身の方が伸びているというイメージですね。逆に物価の高いインフレ期では、実質経済成長率＜名目経済成長率となります。これは見た目だけよいというイメージです。

　では、それぞれの経済成長率はどのように計算するのか、というと次のようになります。

$$名目経済成長率 = \frac{今年の名目GDP-昨年の名目GDP}{昨年の名目GDP} \times 100$$

$$実質経済成長率 = \frac{今年の実質GDP-昨年の実質GDP}{昨年の実質GDP} \times 100$$

$$実質GDP = \frac{名目GDP}{物価指数^*}　（前年を100とする）$$

*GDPデフレーターを使うことが多い

　実質経済成長率について、物価の変動を考慮する点はお分かりいただいたとして、次に物価の種類を考えていきます。これにはさまざまな指標があるのですが、試験的に重要なのは、消費者物価指数、企業物価指数、GDPデフレーターの3つです。このうち、GDPデフレーターは、物価上昇率を表す指標として用いられます。計算式は次の通りです。

消費者物価指数は、総務省が発表し、企業物価指数は日本銀行が発表しているよ。

▶ GDPデフレーターの計算式

$$GDP デフレーター = \frac{名目GDP}{実質GDP} \times 100$$

PLAY&TRY

1. インフレーションとは、物価が持続的に上昇することをいい、インフレーションになると、貨幣価値は上がる。そのため、毎月固定賃金の下では、実質賃金が上昇する。
   (東京都 H24 改題)

   1. ×
   インフレになると、貨幣価値は下がる。よって、実質賃金が下落する。

2. インフレのうち、賃金や原材料の上昇など主に需要側の要因によるものはディマンド・プル・インフレと呼ばれており、また、民間の消費や投資の拡大によって財の価格上昇がもたらされるものは、コスト・プッシュ・インフレと呼ばれている。
   (国税専門官 R2)

   2. ×
   賃金や原材料の上昇などによるものはコスト・プッシュ・インフレ、民間の消費や投資の拡大によるものはディマンド・プル・インフレである。

3. ディマンド・プル・インフレーションとは、賃金や原材料費などの生産コストが上昇し、物価が押し上げられて起こる。
   (東京都 H24 改題)

   3. ×
   コスト・プッシュ・インフレーションの説明になっている。

4. クリーピング・インフレーションとは、第二次世界大戦直後に見られた現象であり、物価が短期間で急激に上昇することをいう。
   (東京都 H24 改題)

   4. ×
   ハイパー・インフレーションの説明になっている。

5. スタグフレーションとは、不況であるにもかかわらず、物価が上昇する現象を指し、スタグネーションとインフレーションとの合成語である。
   (東京都 H24 改題)

   5. ○
   そのとおり。
   景気停滞とインフレが同時に起こることをいう。

6. 連合国軍最高司令官総司令部（GHQ）が行った農地改革では、自作農を抑制し、地主・小作関係に基づく寄生地主制が採られた。一方、労働改革については民主化が期待されていたが、財閥の反対により労働基準法を含む労働三法の制定は1950年代初めまで行われなかった。 （国家一般職H30）

6. ×
農地改革は寄生地主制を解体して、自作農を作り出そうとしたものである。また、労働三法は1940年代後半に制定された。

7. 1940年代後半には、石炭・鉄鋼などの基幹産業を重点的に立て直す傾斜生産方式が採用され、これにより深刻なデフレーションが発生した。しかし、ドッジ・ラインの実施により今度はインフレーションの状態となった。 （特別区H20改題）

7. ×
傾斜生産方式を採用した結果、インフレーションが発生した。また、ドッジ・ラインの実施によりデフレーションの状態となった。

8. 経済復興のために傾斜生産方式が採用された結果、通貨量の増加によるインフレーションが生じた。GHQは、シャウプ勧告に基づき間接税を中心に据える税制改革等を行ったものの、インフレーションは収束せず、朝鮮戦争後も我が国の経済は不況から脱出することができなかった。 （国家一般職H30）

8. ×
シャウプ勧告は直接税を中心に据える税制改革である。また、インフレーションはドッジ・ラインで収まり、むしろデフレーションを招いた。さらに朝鮮特需により日本の経済は不況から脱した。

9. 我が国は、1955年頃から、神武景気、岩戸景気等の好景気を経験したが、輸入の増加による国際収支の悪化が景気持続の障壁となっており、これは国際収支の天井と呼ばれた。また、高度経済成長期の1960年代半ばに、我が国は経済協力開発機構（OECD）に加盟した。 （国家一般職H30）

9. ○
そのとおり。
国際収支の天井というキーワードはここで覚えておこう。

10. 日本は、高度経済成長が終了した1970年代には、GNPが米国、西ドイツに次ぐ、世界第3位となっていた。 （国家総合職H26年改題）

10. ×
世界第2位の誤り。

11. 1970年代前半の第4次中東戦争を契機として起こった第1次石油危機によって、「狂乱物価」と呼ばれるインフレーションが発生した。その結果、不況と物価上昇が併存するスタグネーションの状態となった。

(国家総合職 H26改題)

11. ×
「スタグネーション」（景気低迷）ではなく、「スタグフレーション」である。

12. 1970年代末に発生した第二次石油危機は、狂乱物価を招き、実質経済成長率は、戦後初めてのマイナス成長となった。

(特別区 H20改題)

12. ×
第一次石油危機の誤り。

13. 1973年の第1次石油危機は我が国の経済に不況をもたらしたため、翌年には経済成長率が戦後初めてマイナスとなった。また、第2次石油危機に際しても省エネルギー技術の開発が進まず、国際競争力で後れを取ったため、貿易赤字が拡大していった。

(国家一般職 H30)

13. ×
第二次石油危機で貿易収支の黒字が減少したが、省エネルギー技術の開発が進んだため、国際競争力がついた。結果1981年には黒字幅は拡大に転じた。

14. 1970年代末のプラザ合意に基づいて我が国は変動相場制に移行したが、円高・ドル安が進行し、円高不況に陥った。

(国家総合職 H26改題)

14. ×
変動相場制に移行したのは1973年である。プラザ合意とは関係ない。

15. 1990年代初めのバブル崩壊に伴い、企業の返済能力が低下して、巨額の不良債権が発生した。その後、証券会社や銀行が破綻するなど、金融システム不安が深刻化した。

(国家総合職 H26改題)

15. ○
そのとおり。
バブル崩壊後の「失われた10年」を思い出そう。

16. 景気の波のうち、在庫調整に伴って生じる3～4年周期の短期の波を、コンドラチェフの波という。一方、大きな技術革新などによって生じる周期50年前後の長期の波を、キチンの波という。

(国家一般職 H26改題)

16. ×
コンドラチェフの波とキチンの波の記述が逆である。

17. 我が国では、第二次世界大戦後から現在に至るまでに、消費者物価上昇率（前年比）が7.5％を上回ったことはない。　　　　　　　（国家一般職H26改題）

18. 経済全体の物価上昇を示す指標としてGDPデフレーターがあり、これは実質GDPを名目GDPで割ることによって求められる。ある経済において生産量は変化せず物価水準が上昇した場合、名目GDPは変化しないものの実質GDPは増加するため、GDPデフレーターは上昇する。　　　　　　（国税専門官R２）

17. ×
第二次世界大戦直後は大幅な物価上昇が起こった。また、1970年代前半は10％以上の物価上昇率が見られた。

18. ×
GDPデフレーターは、名目GDP÷実質GDP×100で求められる。本肢においては、生産量は変化しないから、実質GDPは変化しないものの、物価水準が上昇するから、名目GDPが増加するため、GDPデフレーターは上昇する。

私のモテ度は
高度経済成長
並み

リーマン・ショックって何？
日本への影響はいかに？

　リーマン・ショックとは、2008年にアメリカの大手投資銀行リーマン・ブラザーズが倒産したのをきっかけに起こった世界的な金融危機を指します。原因はサブプライムローン問題にありました。サブプライムローンというのは、低所得者向けの高金利住宅ローンのことです。ローンの返済が徐々に遅滞する中で、これに投資をしていたリーマン・ブラザーズが破綻する事態となったわけです。当時、日本に対する影響も大きいものでした。雇止めや派遣切りが多発し、職を失った人たちのために2008年12月31日から翌年の１月５日まで東京都の日比谷公園に年越し派遣村が開設され、炊き出しなどが行われました。実質GDP成長率もマイナスになり、完全失業率も上がりました。グローバル化が進展した社会では、国難はいつどこからやってくるか分かりません。2020年のコロナ・ショックも然りです。

29

重要度★★　頻出度★

市場

**あまり試験では出題されませんが、基本的なことは押さえておく必要があります。
いざ出題されたときは判断できるようにしておきましょう。**

1. 完全競争市場とは？

　完全競争市場とは、消費者と生産者が、無数に存在する市場
です。たくさんの消費者とたくさんの生産者がいるので、価格
は需給関係から決まります。生産者と消費者がプライス・メー
カーとなるわけです。市場メカニズムから、市場価格は需要曲
線と供給曲線の交点で決まります。これを「均衡価格」といいます。

生産者が供給を担い、
消費者（家計）が需要を
担うと思っておこう。

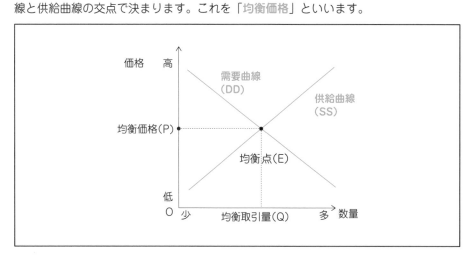

　ここで大切なのは、供給が多くなると価格が下がり、需要が多くなると価格が上がる、
という関係を押さえることです。また、もし価格が上がってしまうと超過供給となって
しまい、モノが売れ残ってしまいます。逆に価格が下がってしまうと超過需要となって
しまいますね。モノ不足が生じてしまうわけです。
　次に、需給曲線のシフトの原因を探っていきましょう。難しく考える必要はなく、常
識のレベルで考えてみてください。

まずは需要曲線のシフト原因としては、①所得の増加によって右にシフトします。消費者の懐が温かいので同じ価格であればより多くの数量を買うことができます。また、②人口の増加によっても右にシフトします。これは消費者が増えるからというのがその理由です。さらに、③代替材の価格が上昇すると右にシフトするという現象も見られます。代替材とは、米に対するパンのような財で、一方を買うと一方を買わないというような二律背反の関係にある財です。例えば、米の価格が上昇するとみんなパンを食べるしかなくなるので、価格は同じでもより多くのパンが売れるようになるのです。

もちろん、所得が減少すれば左にシフトするよ。裏をとればそういうことになるよね。

次に、供給曲線のシフト原因を見ていきます。よく出るものとしては、①技術革新による生産性の向上によって右にシフトする、という知識があります。生産コストが下がるため、より多くのモノを作ることができるようになるからですね。また、②原材料の価格や賃金が減少すると、右にシフトします。これもコストカットにより、たくさんのモノを作ることができるようになるからです。

2. 需要の価格弾力性とは？

需要の価格弾力性とは、モノの価格に対する需要の変化のことをいいます。要するに価格の上昇に対してどのくらい需要が落ち込むか、みたいな話です。一応、公式があります。具体的には次のようになります。

$$価格弾力性 \; = \; - \frac{需要の変化率（\%）}{価格の変化率（\%）}$$

そして、価格弾力性＞1となったときは価格弾力性がある、と表現します。グラフにすると傾きが緩やかな方（少しでも価格が下がれば需要が伸びる）が価格弾力性は大きく、傾きが急な方（価格が下がってもあまり需要が伸びない）が価格弾力性は小さくなります。

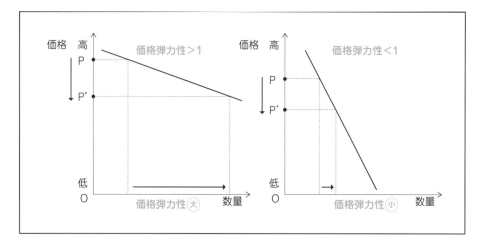

3. 不完全競争市場とは？

　不完全競争市場とは、競争が不完全で企業が自らの生産物
競争価格を操作し得る市場です。不完全競争市場では、企業
の自由な競争が担保されていないので、市場がゆがみます。
その種類は３つあります。独占、寡占、独占的競争の３つで
すね。特に独占になってしまうと、製品差別化が行われない
というとんでもない事態になります。製品開発のスピードも

品質やデザインなどから生じるブランド力で製品の価値が差別化されること。非価格競争の場面ではこの製品差別化が機能する。服飾やレストランなどにはこの製品差別化がなじみやすい。

遅いでしょうね……。そりゃそうです。競争相手がいないのですから努力する気概に欠
けるわけです。一方、独占的競争では、製品差別化が存在し、各企業がある程度、独自
価格を決める力を持っています。

4. 市場の失敗

　市場の失敗とは、市場の需給バランスが崩れて、市場のメカニズムが機能不全に陥っ
たり、市場が成立しなくなったりする状態を指します。それゆえ効率的な資源配分が実
現できなくなります。市場の失敗の具体例としては、公共財、外部性、情報の非対称性、
独占・寡占が挙げられます。

1 公共財

公共財とは、複数の人が不利益なしで同時に利用でき、料金を支払わない人の消費を

防ぐことができない財のことをいいます。道路や水道、公園、消防や警察などのサービスがこれに当たります。公共財は２つの特徴を有します（２つを満たすものを「純粋公共財」ということがある）。まず公共財は、同時に利用でき、ある人の消費が他人の消費を減少させることがないので、消費者の間でその財の消費をめぐって競合が生じません。これを非競合性といいます。そうするとあまり供給しようという気が起きないのです。また、特定人をそのサービスの消費から排除することができません。これを非排除性と呼びます。これらの性質があるものですから、公共財は民間企業が進んでサービスを提供しようとしません。採算がとれないわけですね。そこで、このような公共財は政府が提供する必要が出てきます。

> お金を払っていないからといって一般道を使わせないということはできないよね。いわゆるフリーライダーが生じてしまうんだ。

② 外部性

ある経済主体の取引の効果が、第三者に影響を及ぼすことをいいます。よい効果をもたらす場合を外部経済、悪い効果をもたらす場合を外部不経済と呼びます。例えば、幹線道路の新設は外部経済、公害は外部不経済の例とされます。幹線道路ができれば周辺地域の地価が上がりますね。逆に公害は地域住民に迷惑をかけることになります。

> 外部経済も外部性の例で市場の失敗と位置付けられるので注意しよう。両者ともに財の最適な供給が実現しないといわれる。

③ 情報の非対称性

これは、取引当事者間で情報格差が生じている状態のことをいいます。簡単に言うと、一方だけが情報を握っているアンバランスな状態を指します。大体生産者は消費者よりも専門的な情報を握っているものです。これがちゃんと消費者に共有されていないと、市場の取引は円滑に行われません。

④ 独占・寡占

市場が一社または数社に牛耳られている状態を指します。独占・寡占市場では、生産者たる企業が少数（あるいは一つ）になるので、十分な競争が行われません。それゆえ消費者にとっては価格が高止まりするなどの不利益を被ります。影響力の強いプライス・リーダーが設定した価格に他企業が従っているような価格を管理価格といい、価格の下方硬直性が見られることがあります。そうなると、社会全体の資源配分が非効率化してしまいますね。

> 「価格先導者」ということもあるね。

なお、日本の場合、独占禁止政策は公正取引委員会が担っています。

5. 3つの寡占市場の類型

1 カルテル（企業連合）

同一産業内の企業が生産量協定や価格協定などを結ぶ共同行為です。カルテルは、独占禁止法によって禁止されています。もっとも、合理化カルテルや不況カルテルなどは例外的に許容されてきましたが、1999年の法改正で禁止されました。

2 トラスト（企業合同）

同一産業内の企業が合併をして巨大になることをいいます。M&A（合併と買収）などがこれに当たります。

3 コンツェルン（企業結合）

ある企業が異種産業の企業の株式を保有したり、融資を行ったり
することで結合していく形態をいいます。各企業自体は相互に独立

戦前の財閥がこれに
当たるよ。

している点がポイントです。よくあるパターンは親会社・子会社・孫会社というピラミッドになっていてこのうち親会社が持株会社となっているパターンです。〇〇ホールディングスなんかはこれに当たりますね。なお、独占禁止法ではコンツェルンは禁止されていたのですが、1997年の法改正により解禁されました。

6. その他の企業

①コングロマリット（複合企業）

異種産業の会社が合併して、たくさんの業種をまたぐ巨大な一つの企業となったものをいいます。ただ、最近はあまりはやっていませんね。言葉だけ覚えておきましょう。

②多国籍企業

いろいろな国に拠点を持って活動をしている企業のことです。トヨタ自動車や日立製作所などを思い浮かべるとよいかもしれません。

③ベンチャー企業

独自性や新規性を生かして、新しいサービスを開拓している企業です。新興企業ともいいますね。ファイナンスはベンチャーキャピタルに依存し、そのほとんどが小中規模という傾向が見られます。

ベンチャー企業に出資をする投資会社、ファンドのことだよ。

PLAY&TRY

1. 市場を通さずに他の経済主体に影響を与える外部性のうち、正の影響を与える外部経済の場合には、財の最適な供給が実現するが、負の影響を与える外部不経済の場合には、財の最適な供給が実現しない。

　　　　　　　　　　　　　　　　　　（東京都H30）

1. ×
正の影響を与える外部経済の場合にも財の最適な供給が実現しない。

2. 公共財とは、複数の人が不利益なしで同時に利用でき、料金を支払わない人の消費を防ぐことができない財のことをいい、利益が出にくいため、市場では供給されにくい。　　　　　　　　　（東京都H30）

2. ○
そのとおり。
非競合性と非排除性による。

3. 情報の非対称性とは、市場において虚偽の情報が流通することによって、取引の当事者同士が、当該情報を正しいものとして認識し合っている状態のことをいう。　　　　　　　　　　　（東京都H30）

3. ×
一方だけが情報を握っているアンバランスな状態を指す。

4. 寡占・独占市場においては、企業が少数であることから、十分な競争が行われないため、消費者にとって不利益になるが、社会全体の資源配分に対する効率性は失われない。　　　　　　　（東京都H30）

4. ×
社会全体の資源配分に対する効率性が失われる。

5. 寡占市場では、影響力の強いプライス・リーダーが設定した価格に他企業が従っているような価格を管理価格といい、価格の下方硬直性が見られることがある。また、製品の品質・デザイン、広告・宣伝などを競う非価格競争が行われる傾向があるとされる。

5. ○
そのとおり。
寡占市場の特徴を述べたものとして正しい。

6. 競争市場では、一般的な企業が一定の利潤を確保できるように設定した価格とは別に、プライス・リーダー（価格先導者）が管理価格を設定し、企業間の価格競争が強まることがある。

（国家総合職H27改題）

6. ×
管理価格は独占や寡占市場で設定される価格。もちろん価格競争は起こりにくくなる。

7. 管理価格が設定されると、価格が下方に変化する場合が多いことから、この状態を「価格の下方硬直性」と呼ぶ。

（国家総合職H27改題）

7. ×
価格が下がりにくくなることを「価格の下方硬直性」と呼ぶ。

市場

30

国民所得

覚えておけば解ける問題がほとんどです。
それぞれの概念を一度頭に入れておくことをおススメします。

1. 国民所得の概念

ストックは、一つの国がある一定時点において持つ家計・企業・政府の資産と負債を金額で表したものをいいます。国富といいますね。いわゆる資産の蓄積のことで、この国富が生産の原資となります。国富は、実物有形資産と対外純資産（対外資産－対外負債）を足して計算します。国内金融資産が含まれていない点は注意しましょうね。

▶ **国富の計算**

国富＝実物有形資産＋対外純資産（対外資産－対外負債）
※国内金融資産は含まれない。

一方、フローは、1年間の生産活動によって生み出された付加価値をいいます。国民経済計算の指標を次に示しますので、確認してみてください。

▶ **国民経済計算の指標**

① 総生産額＝付加価値＋中間生産物※

　※中間生産物は、材料や燃料などの仕入れコストのことである。人件費は入れないので注意。

② 国民総生産（GNP）＝総生産額 － 中間生産物

　国内総生産（GDP）＝ GNP － 海外からの純所得※

　※海外からの純所得＝海外から送金される所得－海外へ送金する所得

③ 国民純生産（NNP）＝ GNP － 固定資本減耗（減価償却）※

　※建物、構築物、機械設備などが使用によってすり減ってしまう部分（10年間で10万円の機械がダメになるなら、1年あたり1万円が固定資本減耗となる）。

④ 国民所得（NI）＝ NNP － 間接税＋補助金

GNPは、国民（日本人）が生み出した付加価値の合計を意味し、GDPは、国内（日本国内）で生み出された付加価値の合計を意味します。人に着目するのか、場所に着目するのかの違いです。だから、GNPは海外からの純所得も含めて構わないのに対して、GDPはこれを差し引く必要があるわけです。今はGDPの方が使われますよね。なお、GNPは2000年にGNI（国民総所得）と名称変更されましたが、試験的にはGNPで押さえてください。

日本のGDP総額は世界3位だよ（1位はアメリカ、2位は中国）。でもこれを1人あたりのGDPにすると世界26位にまで落ちてしまう……。

2. 三面等価の原則

「三面等価の原則」とは、国民所得（NI）が、生産面（作る＝生産者）、分配面（もらう＝所得をゲットする人）、支出面（使う＝消費者）の3つの側面から見ると、すべて同じ額になるという原則です。ざっくりと言うと、生産者は雇用者で、かつ消費者でもある、という関係性があるということです。

▶ 国民所得（NI）の要素

生産面＝第一次産業、第二次産業、第三次産業
　　　　→第三次産業が一番多い

分配面＝雇用者報酬、営業余剰（財産所得、企業所得）
　　　　→雇用者報酬が一番多い

支出面＝民間最終消費支出、政府最終消費支出、国内総資本形成（投資）、経常海外余剰
　　　　（輸出－輸入＋海外からの純所得）
　　　　→民間最終消費支出が一番多い

PLAY&TRY

1. GNP（国民総生産）は、GDP（国内総生産）より海外からの純所得（海外から送金される所得－海外へ送金される所得）を控除することで得られる。

   （国家一般職H26改題）

   1. ×
   GDPに海外からの純所得を加えたものがGNPである。

2. GNPとGDPを比較すると、GNPはGDPより必ず小さくなる。 （国家一般職H26改題）

   2. ×
   海外からの純所得がプラスなら、GNPの方が大きくなる。海外からの純所得がマイナスなら、GNPの方が小さくなる。

3. NI（国民所得）は、生産、支出、分配の三つの流れから捉えることができる。また、生産から支出を引いた大きさと分配の大きさが等しくなる。

   （国家一般職H26改題）

   3. ×
   生産＝支出＝分配とならなければいけない（三面等価の原則）。

31

重要度★　頻出度★

経済学説

経済学説は、ほとんど試験では出題されません。ただ、考え方を知っておけば ほかの分野の理解が深まります。有名な学説だけは押さえておくべきでしょう。

1. 古典派

アダム・スミスが代表論者です。市場は放っておけば いいと考える学派です。スミスは、『諸国民の富』の中 で、自由放任（レッセ・フェール）が望ましく、政府に よる市場介入はできる限り避けなければならないといい ます。完全競争市場では、「見えざる手」によって、需要 と供給が一致するように働くから放っておけ、というこ とです。

> なお、まったく立場は異なるけど、ドイツの社会主義学派として、マルクスも一応覚えておこう。『資本論』の中で、共産主義を主張したよ。マルクス経済学の重要なテーゼとして、「利潤率の傾向的低下の法則」がある。これは、資本主義の下では、どんなに儲かるビジネスでも、参入者が増えれば一人当たりの利益が減り、やがて儲からなくなるという考えだよ。

ほかにも、マルサスの『人口論』が有名です。人口は幾何級数的に増えるのに対して、 食糧は算術級数的にしか増えないので、人口を制限した方がいいよっていう話です。ま た、リカードの比較生産費説も知っておきましょう。これは国際分業の成立を明らかに したものです。二国間では、それぞれが得意なものを作り、そうでないものは他国に任 せて輸入した方がいいよ、という理論です。それぞれの国が得意なものを作ることが、 すなわち互いの利益になるということですね。

2. ケインズ学派

ケインズは、アメリカで起きた1929年の世界恐慌の原因は有効需要の不足にあるとし て、有効需要を作出するためには、政府が支出を増やして、国民所得の底上げをしない とダメだ、と主張しました。そして、公共投資によって景気の安定化を目指すべきだと しました。つまり、マクロ的な財政政策を重視したわけですね。ニューディール政策が 典型的な具体例です。一方、ケインズ学派は金融政策にはあまり重きを置きませんでし た。

3. マネタリズム

フリードマンが有名ですが、この学派は、貨幣供給量の変化がマクロ経済に強い影響を与えるとして、金融政策の重要性を説きました。ケインズ学派が重視する財政政策で需要を作り出しても、自然失業率が存在する以上、このような政策は経済不安定の元となるだけで意味がないとしました。その上で、貨幣供給量に関する一定のルール作りの方が大切だとしたのです。

そこで考え出されたのがk%ルールだよ。一定率で中央銀行が貨幣供給を行うというルールだ。

4. サプライサイドエコノミクス

1980年代のアメリカでレーガン大統領の下、採用された立場です。フェルドシュタインが唱えました。経済の動きからして、重要なのは、需要の創出ではなく、供給に刺激を与えることであるとしました。すなわち、企業に対する減税や規制緩和などによって民間部門の生産力を強化することが重要なわけです。

PLAY&TRY

1. アダム・スミスなどの古典派は、市場における効率的な資源配分を補強するために、政府が積極的に介入するべきことを説いた。 （オリジナル）

1. ×
自由放任主義（レッセ・フェール）が基本なので、政府の積極的な介入は否定する。

2. マネタリズムは、政府の公共投資によって、景気の安定化を目指すべきであるとして、財政政策を重視した。 （オリジナル）

2. ×
ケインズ学派の誤り。

3. サプライサイドエコノミクスは、貨幣供給量の変化がマクロ経済に強い影響を与えるため、金融政策を重視する立場である。 （オリジナル）

3. ×
マネタリズムの誤り。

4. フリードマンは、サプライサイドエコノミクスを提唱し、経済活動のうち、需要面よりも、供給面に刺激を与えることの重要性を説いた。 （オリジナル）

4. ×
フリードマンはマネタリストである。

お金大好き、マネタリストに一票！

32

会社形態

ここでは、会社の種類とその特徴を押さえておきましょう。
単純な問題しか出題されないので、攻略するのは極めて簡単です。

1. 会社の4類型

　会社には、株式会社、合同会社、合資会社、合名会社の4種類があります。株式会社以外をまとめて持分会社と呼びますので、この点も一緒に覚えてしまいましょう。そして、株式会社と合同会社は、有限責任社員のみからなります。「有限責任」とは、初めに出資した分以上の追加責任は負わないということを意味します。要するに、会社が借金をしていても、その債権者から社員は会社の借金を肩代わりしてくれ、とは言われないということです。会社の経営悪化や倒産で出資した分がパーになることはもちろんありますけどね。一方、合資会社は、有限責任社員と無限責任社員とからなります。また、合名会社は、無限責任社員のみからなります。この2つの会社は無限責任社員がいますよね。これは結構危なくて、会社の借金＝自分の借金ということになりますね。債権者が社員に対して無限の請求がきてしまうわけです。次にまとめてみます。

> 社員とは、出資者のことだよ。従業員とはイコールではない。株式会社の社員のことを株主というよ。

▶ 会社の 4 類型

	株式会社	合同会社	合資会社	合名会社
社員の責任	有限責任		有限責任 無限責任	無限責任
業務執行権	株主に業務執行権はない	原則→社員が業務執行権を有する 例外→定款で業務執行社員を定めてもよい		
会社の代表権	株主に代表権はない	業務執行権を有する社員が会社を代表する		
社員権の譲渡	原則自由 例外→定款で譲渡を制限できる(会社の承認が必要となる)	原則→ほかの社員全員の承諾が必要 例外→有限責任社員は、業務執行を担当していない場合には、業務執行社員全員の承諾で持分を譲渡することができる。		
社員の数	1人以上		2人以上	1人以上

※無限責任社員は、会社財産をもって債務を完済することができない場合、または会社財産に対する強制執行が功を奏さなかった場合に、連帯して会社債務を弁済する責任を負う。

2. 株式会社について

　株式会社は、出資を集めるときに株式を発行します。株式は一株いくらと決まっていて、その株式を買った人が株主という名の社員になります。ですから、株式会社のオーナー(所有者)は、株主ということになります(株式は会社の割合的社員権)。そして、原則として株主総会では一株一議決権が与えられます。ですから、たくさんの株式を持っている人(出資をたくさんした人)ほど会社に強い影響力を持つことになります。ただ、株主はあくまでも会社の所有者であって、経

なお、合同会社、合名会社、合資会社などの持分会社は株式を発行しないよ。これが大きな違いだね。

これは裏を返せば、同じ数の株式を持っている人は差別されないということだよね。このような原則を「株主平等の原則」というよ。

営権を持つわけではありません。会社の業務を執行していくのはあくまでも経営のプロである取締役です。そして、この取締役が株主の利益を最大化するために尽力するわけですね。このように、株式会社では「所有と経営が分離」されています。また、株主は会社に対して出資の払戻しを請求することが原則としてできません。というのも、株主は有限責任しか負わないので、会社の財産が債権者の唯一の引き当てとなるからです。

出資の払戻しを認めたら、会社の財産が減ってしまい、債権者が害されてしまうわけですね。

3. 経営用語

① コーポレート・ガバナンス

　企業統治を意味する言葉で、株式会社をはじめとする会社や取締役の経営をチェックすることを指します。不祥事を減らして、会社の信用を高めるのに役立ちます。

② コンプライアンス

　法令遵守を意味する言葉です。粉飾決算をはじめとする組織の不正を防止するため、2019年12月には上場企業等に社外取締役の設置を義務付ける改正会社法が成立しました。

③ CSR

　企業の社会的責任を意味する言葉です。ステークホルダー（利害関係人）に対して、しっかりと説明責任を果たすことを基本とし、上で述べたコンプライアンス、環境活動、NPOへの協力なども含みます。似て非なる概念として、メセナがあります。これは文化活動を支援する取組みを指します。

④ 非公開会社と公開会社

　非公開会社とは、定款ですべての株式について譲渡制限が付されている株式会社のことを意味します。ここに譲渡制限とは、会社の承認を得なければ株式を譲渡できないようにすることをいいます。一方、公開会社とは、発行する株式の全部または一部に譲渡制限が付されていない株式会社のことをいいます。

PLAY&TRY

1. 株式会社が倒産した際には株式の価値はなくなるが、株主は自身が出資した資金を失う以上の責任を負うことはないことを、無限責任制度という。

　　　　　　　　　　　　　　　　　　　　（東京都R2）

1. ×
有限責任制度という。

2. 会社の最高意思決定機関である株主総会において、株主1人につき1票の議決権を持っている。

　　　　　　　　　　　　　　　　　　　　（東京都R2）

2. ×
原則として一株一議決権である。

3. 会社が大規模になり、会社の意思決定を左右できるほど株式を所有していないが、専門的知識を有する人が会社経営にあたることを、所有と経営の分離という。

　　　　　　　　　　　　　　　　　　　　（東京都R2）

3. ○
そのとおり。
所有者である株主と経営者である取締役を分けようという発想が所有と経営の分離である。

4. ストックオプションとは、株主などが企業経営に関してチェック機能を果たすことをいう。

　　　　　　　　　　　　　　　　　　　　（東京都R2）

4. ×
本肢はコーポレート・ガバナンス（企業統治）の説明になっている。ストックオプションとは、会社の株式をあらかじめ定められた価格で取得できる権利のこと。新株予約権の一種である。

5. 現代の日本における株式会社の経営は、株主の利益の最大化よりもステークホルダーの利益を優先するよう会社法で義務付けられている。　　（東京都R2）

5. ×
ステークホルダー（利害関係人）よりも株主の利益を図るのが株式会社である。よって、本肢のような義務付けはなされていない。

索引

Staff

編集
髙橋奈央
堀越美紀子

ブックデザイン・カバーデザイン
HON DESIGN（小守いつみ）

イラスト
くにとも ゆかり
えのきのこ

内容監修
山田 優

校正
みね工房

編集アシスト
平井美恵

著者プロフィール

寺本康之

埼玉県立春日部高等学校卒業、青山学院大学文学部フランス文学科卒業、青山学院大学大学院法学研究科中退。全国の学内講座で講師を務める。大学院生のころから講師をはじめ、現在は法律科目（憲法、民法、行政法など）や行政科目、社会科学、人文科学、小論文、面接指導など幅広く講義を担当している。

寺本康之の
社会科学ザ・ベスト ハイパー

2021年6月6日　初版第1刷発行
2024年5月5日　初版第2刷発行

著　者：寺本康之
©Yasuyuki Teramoto 2021 Printed in Japan
発行者：畑中敦子
発行所：株式会社 エクシア出版
　　　　　〒101-0054　東京都千代田区神田錦町2-1-5-204
印刷・製本：モリモト印刷株式会社

ISBN 978-4-908804-73-1　C1030